KB212739

마음을
괴롭게 하지 말라

제이크 프로방스 & 키이스 프로방스 지음

한길환 옮김

Let not Your heart Be Troubled

마음을
괴롭게 하지 말라
Let not Your heart Be Troubled

초판1쇄 2021년 5월 10일

지은이   제이크 프로방스 & 키이스 프로방스
옮긴이   한길환
펴낸이   이규종
펴낸곳   엘맨출판사
등록번호   제13-1562호(1985.10.29.)
등록된곳   서울시 마포구 토정로222
          한국출판콘텐츠센터 422-3
전화   (02) 323-4060,6401-7004
팩스   (02) 323-6416
이메일   elman1985@hanmail.net
www.elman.kr

ISBN   ISBN 978-89-5515-704-8 03230

값 11,500 원

마음을
괴롭게 하지 말라

제이크 프로방스 & 키이스 프로방스 지음

한길환 옮김

Let not Your heart Be Troubled

엘맨
하나님의 사람을 만들어 가는 ELMAN

목차

Table of Content

옮긴이의 글

우리는 우리의 삶 속에서 일어나는 여러 가지 문제들로 인해서 우리가 원하든 원치 않든 내외적으로 여러 가지 근심에 쌓여 있다. 이런 근심을 극복하고 평안한 삶을 살 수 있는 대안은 없는가? 저자는 우리가 걱정할 수 있는 여러 가지 요인을 열거하고 이에 대한 적절한 대안을 성경 말씀과 위인들의 명언과 저자의 글 그리고 기도를 통해서 제시하고 있다.

나는 여러 가지 문제로 근심에 휩싸여 낙심과 좌절에 빠져 있는 분들이 이 책을 통해서 대안을 찾고 삶에 적용함으로 문제가 해결되고 걱정에서 벗어나 주안에서 평안한 삶을 사는 그리스도인이 되기를 간절히 기원한다.

충남 홍성 '생명의 강가' 작은 서재실에서 한길환 목사

Translator's writing

We are piled up in a variety of worries internally and externally, whether we want or not, because of the various problems that arise in our lives. Is there any alternative to overcoming these worries and living a peaceful life? The author enumerates various factors that we may be concerned about, and suggests an appropriate alternative to this through the words of the Bible, the quotes of great men, the author's writing, and prayer.

I sincerely wish that those who are overwhelmed by various problems and are in discouragement and frustration will find alternatives through this book and apply them to their lives to solve their problems and become Christians who are free from worries and live a peaceful life in the Lord.

In a small study room at the river of life in Hongseong, Chungcheong-nam Province.

Pastor Gil-Hwan Han

머리글

이 세상에서 우리의 삶은 정신적으로, 감정적으로, 그리고 육체적으로 끊임없는 공격을 받고 있다. 매일 무고한 사람들을 상대로 저지르는 총격 사건, 테러 공격, 그리고 헤아릴 수 없는 범죄에 대한 보도가 있다. 소셜 미디어(자신의 생각과 의견, 경험, 관점 등을 서로 공유하기 위해 사용하는 개방화된 온라인상의 콘텐츠-역주)는 갈등과 분열을 심화시키는 동시에, 정직한 시민, 부모, 배우자, 직원 또는 친구로 간주되기 위해 현재의 상황에 순응하라는 압력을 가중시킨다. 여기에 우리 문화의 특징인 유난히 바쁜 생활 방식을 더하면, 그렇게 많은 사람들이 매일 공포와 불안, 우울증과 싸우는 것은 놀랄 일이 아니다.

우리 모두는 혼란과 마음의 고통, 그리고 이 죄 많은 세상의 모든 오물이 우리의 마음속에서 그 방식대로 하도록 내버려 두고 싶은 시험에 직면해 있다.

예수님이 "너희는 마음에 근심하지 말라"고 말씀하셨을 때 그분은 우리가 매일 근심할 기회에 직면하게 될 것이라는 것을 아시고 계셨다. 그러나 그분은 또한 우리는 우리를 꿰뚫어 보시는 하나님에 대한 흔들지 않는 우리의 믿음 때문에 근심 가운데서도 우리의 마음을 지키고 행복할 수 있는 선택을 할 능력이 있다는 것을 알고 계셨다. 그것이 우리가 의심, 걱정, 불안, 두려움으로부터 우리 자신을 보호해야 하는 이유이다.

걱정은 종종 미지의 것에 대한 선의의 우려의 표시로 여겨지지만, 실제로는 하나님의 뜻과 회복하시는 능력을 의심하는 것이다. 하나님은 당신이 걱정으로 스트레스 받는 것을 원하지 않으신다. 걱정은 당신의 몸에 해를 끼치고 당신의 기쁨을 파괴한다! 당신을 향한 하나님의 사랑을 의심하지 말고, 당신을 대신하시는 하나님의 신실하심을 의심하지 말라.

대신 당신의 근심, 걱정, 고통을 버려라. 그들을 주님께 맡기라. 하나님이 어떤 과거의 실수 또는 과거의 상처로부터 당신의 마음을 치유하시도록 하라. 그런 다음 당면한 문제 대신에 그분의 말씀을 묵상함으로 이 세상 삶의 압박으로부터 마음을 보호하라. 당신의 눈을 세상에서 일어나고 있는 모든 미친 일들 대신에 예배와 기도로 그분께 계속 집중함으로 마음을 보호하라. 당신을 꿰뚫어 보시는 당신의 친구이자 당신의 아버지가 되시는 그분을 믿으라.

우리가 염려와 두려움에 시달리며 우울하거나 스트레스를 받는 것은 그분의 뜻이 아니다. 우리가 우리 삶에서 그분의 은혜와 자비와 선하심에 대한 풍부한 증거와 함께 자유롭게 사는 것이 그분의 뜻이다. 당신의 모든 근심을 버리고 자유와 기쁨을 받아들이라!

"너희는 마음에 근심하지 말라 하나님을 믿으니 또 나를 믿으라." - 예수 그리스도

Introduction

In this world, our lives are under a constant assault mentally, emotionally, and physically. Every day there are reports of shootings, terror attacks, and unfathomable crimes committed against innocent people. Social media intensi- fies conflict and division, while piling on the pressure to conform to the status quo in order to be considered an upstanding citizen, parent, spouse, employee, or friend. Add to all of this the exceptionally busy lifestyle that is the hall- mark of our culture, and it is little wonder that so many people battle fear, anxiety, and depres- sion on a daily basis.

We all face the temptation to let the turmoil, heartache, and all the filth of this sinful world work its way into our hearts.

When Jesus said, "Let not your heart be troubled," He knew that we would be faced daily with the opportunity to be troubled, but He also knew that we had the ability to choose to guard our hearts and be happy in the midst of trouble because of our unwavering trust in God to see us through. That's why we are to shield ourselves from doubt, from worry, from anxiety, and from fear.

Worry, though often viewed as a well-in- tentioned display of concern over the unknown, is actually doubting God's willingness or ability to come through. God doesn't want you to stress out with worrying - it causes harm to your body, and destroys your joy! Don't doubt God's love for you, don't doubt His faithful- ness on your behalf.

Instead, let go of your cares, your worries, and your pain. Cast them on the Lord. Let God heal your heart from any past mistakes, or past hurts. Then shield it from the pressures of this life by meditating on His Word instead of the issues at hand. Shield it by keeping your eyes focused on Him, in worship and in prayer, instead of all the crazy things happening in the world. Count on Him to see you through, to be your Friend and your Father.

It is never God's will for us to be plagued with anxiety and fear. It has never been His will for us to be depressed or stressed. It is His will for us to live freely, with abundant evidence of His grace, mercy, and goodness in our lives. Let go of all your troubles and embrace freedom and joy!

"Do not let your hearts be troubled. Trust in God; trust also in me." - Jesus ChrIst

1장

마음을 괴롭게 하지 말라

정말 간단하다. 하나님은 당신을 몹시 사랑하신다. 그리고 그분은 당신이 당신의 미래, 당신의 자녀들 또는 당신의 상황에 대해 근심하는 것을 결코 원하지 않으신다. 그분은 당신이 그런 일들에 대하여 그분을 신뢰하기를 원하신다. 그분은 당신이 우울하거나 절망하는 것을 결코 원하지 않으신다. 그분은 당신이 그분 안에 대피하기를 원하신다. 그분은 당신이 혼자 있는 것을 결코 원하지 않으신다. 그분은 당신이 이 세상에서 매일 그분과의 관계, 영원까지 이어지는 관계를 갖도록 하시기 위해 그분의 가장 소중한 아들의 생명과 그분이 견뎌야 하셨던 모든 고통을 서로 주고 받으셨다. 하나님은 우리에게 모든 좋은 것을 주셨고 단지 우리가 그분의 은사를 받아들이고 그분의 품에 안겨 그분의 자녀가 되기를 원하신다. 당신이 보고 듣는 것에 마음을 괴롭게 하지 말고 우리 아버지 하나님의 말씀으로 마음이 위로가 되도록 하라.

당신이 저지른 잘못도 없고, 당신이 저지른 죄도 없으며, 예수님께서 당신을 위해 하신 일보다 더 강력한 것은 없다. 그분의 사랑이 당신을 찾을 수 없는 곳은 없다. 우울, 절망, 그리고 두려움은 당신의 삶에 아무런 권리가 없다. 걱정과 불안과 스트레스는 우리 주님이시며 구주께서 당신에게 남겨주신 평안 앞에 존재할 수 없다. 하나님은 당신과 함께 계시고, 그분은 당신을 위해서 계시고, 그분은 그분의 말씀을 통해 당신을 도우실 것이다.

하나님 말씀의 생명을 주는 능력을 통해 얻고 유지되는 자유, 위안, 소망, 힘, 치유, 안전, 진정한 자신감이 있다. 그것은 당신의 과거의 실수를 예수님의 과거의 성공으로 다시 쓰는 것이다. 그것은 당신 안에 새로운 정체성을 부여하고 당신을 위해 일할 강력한 힘을 부여하며 당신에게 복을 준다. 절대적으로 생명을 주는 하나님의 말씀에 굴복하라. 두려움, 걱정 및 불안을 감히 놓아주라. 그리고 마지막으로, 절대 당신의 마음을 괴롭게 하지 않도록 하라.

Chapter 1

Let not Your heart Be Troubled

It's simple, really. God loves you very much. And He never wants you to feel worried about your future, about your kids, or about your circumstances. He wants you to trust Him with those things. He never wants you to be depressed or in despair. He wants you to take refuge in Him. He never wanted you to be alone; He traded the life of His most precious Son, and all the suffering He had to endure, just so you could have a relationship with Him every day on this earth . . . stretching into all of eternity. God has given us all good things and desires nothing more than for us to accept His gifts, run into His arms, and be His child. Quit letting your heart be troubled by what you see and hear, and let your heart be comforted by the words of our Father God.

There is no mistake you have made, no sin you have committed, that is more powerful than what Jesus did for you. There is no place that His love can't find you. Depression, despair, and fear have no claim on your life. Worry, anxiety, and stress can't exist in the presence of the peace left for you by our Lord and Savior. God is with you, He is for you, and

He will help you through His Word.

There is a freedom, a comfort, a hope, a strength, a healing, a security, and a quiet confidence that is obtained and maintained through the life-giving power of the Word of God. It rewrites the mistakes of your past with the successes of Jesus' past. It places a new identity within you, puts a powerful force to work for you, and bestows blessings upon you. Dare to give in to the life-giving Word of God. Dare to let go of the fear, worry, and anxiety. And finally, dare to let not your heart be troubled.

기도

주여! 내 마음을 안전하게 유지할 당신의 도움을 구하나이다. 내 마음을 지키는 것이 나에게 달려 있다는 것은 알지만, 선과 악을 분별할 수 있도록 주님의 도움을 구하나이다. 내가 가야 할 길을 가르쳐 주소서. 당신의 음성을 듣는 일에 나를 둔감하게할 만한 것들이 있거나, 내 마음에 잠재적으로 해를 끼칠 수 있는 것이 있다면, 내가 그보다 당신을 선택할 수 있도록 나에게 말씀해 주시기를 구하나이다. 모든 걱정과 내가 짊어진 모든 압박, 그리고 나의 모든 혼란을 주여! 당신께 넘겨드렸나이다. 내 문제와 그것들과 함께 오는 모든 정신적 고뇌를 당신의 능하신 손에 넘겨드리나이다. 당신의 사랑의 품 안에서 자유롭고 즐겁게 살기를 선택하나이다. 도와주셔서 감사하나이다. 예수님의 이름으로 기도하옵나이다. 아멘.

Prayer

Lord, I ask for Your help with keeping my heart safe. I know it's up to me to protect my heart, but I ask for Your help to discern the good from the bad. Teach me the way I should go. If there are things that would desensitize me to Your voice, or things that are potentially harmful to my heart, I ask that You would tell me so that I may choose You over it. I cast all my cares, all the weights I have carried, and all my confusion on You, Lord. I relinquish my problems and all the mental anguish that comes along with them into Your capable hands. I choose to live freely and lightly in Your loving embrace. Thank You for Your help. Amen.

성경

"평안을 너희에게 끼치노니 곧 나의 평안을 너희에게 주노라 내가 너희에게 주는 것은 세상이 주는 것과 같지 아니하니라 너희는 마음에 근심하지도 말고 두려워하지도 말라."

– 요 14:27

"모든 지킬 만한 것 중에 더욱 네 마음을 지키라 생명의 근원이 이에서 남이니라."

– 잠 4:23

"내 아들아 너는 듣고 지혜를 얻어 네 마음을 바른 길로 인도할지니라."

– 잠 23:19

Scriptures

"Peace I leave with you; My own peace I now give and bequeath to you. Not as the world gives do I give to you. Do not let your hearts be troubled, neither let them be afraid. Stop allowing yourselves to be agitated and disturbed; and do not permit yourselves to be fearful and intimidated and cowardly and unsettled."

- John 14:27 AMPC

"Guard your heart above all else, for it determines the course of your life."

- Proverbs 4:23 NLT

"My child, listen and be wise: keep your heart on the right course."

- Proverbs 23:19 NLT

마음을 괴롭게 하지 말라

당신의 마음을 괴롭게 하지 말라.
근심이 당신의 하루를 시작하지 않게 하라.
이는 예수님이 당신에게 새롭고 평화로운 방법을
주시기 위해서 오셨기 때문이다.

근심이 당신을 뒤흔들리게 하지 말라.
스트레스가 해를 끼치지 않도록 하라.
이는 예수님이 당신을 진정시키고 당신의
영혼에 평온함을 주시기 위해서 여기에
계시기 때문이다.

당신의 마음을 무겁게 하지 말라.
고통이 당신을 짓누르게 하지 말라.
이는 당신이 의지할 수 있는 예수님이
당신 안에 계시기 때문이다.

당신의 영혼이 당신을 실망시키지 않게 하라.
당신이 절망을 느끼지 않게 하라.
이는 예수님이 당신의 온 마음을 회복하기를 원하시고
그분이 치유하실 수 있기 때문이다.

마음을 괴롭게 하지 말라.
마음이 오늘 두려움이 되도록 하지 말라.
이는 예수님이 당신에게 평안을 주시고
당신의 근심은 사라질 것이기 때문이다.

- 데보라 앤(Deborah Ann)

Let not Your heart Be Troubled

Let not your heart be troubled,
let not worry start your day
for Jesus came to give you
a new and peaceful way.

Let not concern unsettle you,
let not stress take its toll
for Jesus is here to calm you
and give quietness to your soul.

Let not your mind be burdened,
let not anguish weigh you down
for Jesus you can depend on
His tranquility is all around.

Let not your spirit fail you,
let not despair be what you feel
for Jesus desires your whole heart
to restore ~ so He can heal.

Let not your heart be troubled,
let not it be afraid today
for Jesus will bring you peace
and your anxiety will fade away.

- Deborah Ann

"세상 모든 사람들은 행복을 추구한다. 행복을 찾을 수 있는 확실한 한 가지 방법이 있다. 그것은 당신의 생각을 통제하는 것이다. 행복은 외적인 조건에 달려 있지 않다. 그것은 내면의 조건에 달려 있다."

– 데일 카네기(Dale Carnegie)

"Everybody in the world is seeking happiness and there is one sure way to find it. That is by controlling your thoughts. Happiness doesn't depend on outward conditions. It depends on inner conditions."

- Dale Carnegie

2장

행복은 선택이다

사실, 행복은 상황의 산물이 아니라 상황과 무관한 선택이다. 당신이 위기를 통해 안전을 잃었을 때, 당신의 몸에 항상 존재하는 고통이 당신에게 하나님의 선하심을 의심하게 할 때, 삶의 지루하고 고되고 단조로운 일이 당신에게 살아 있다는 기쁨을 무감각하게 할 때, 그것은 당신과 당신 자신에게 달려 있다. 당신의 환경이 당신의 태도를 좌우하도록 내버려두거나, 아니면 당신은 모든 것을 초월하여 행복해지는 쪽을 선택할 것이다. 당신이 작게 살 때는 큰 꿈을 꾸려면 용기를 내야 하고, 고통 속에서 행복을 찾으려면 힘을 내야 한다.

대부분의 사람들에게 그들의 행복 또는 불행은 그들의 상황에 달려 있다. 일이 잘되면 행복하고, 잘되지 않으면 그렇지 않다. 이것은 그들을 한순간에 오르게 하고 다음에는 내려가게 하고 어느 날은 행복하고 다음 날은 우울하게 할 것이다. 감정이 요동치는 이러한 삶의 방식은 당신이 살아야 할 삶의 방법이 아니다! 오랜 시간 이렇게 살면 당신은 스트레스를 받고 피곤하고 약해진다.

그것은 어려움을 무시하거나, 역경 앞에서 행복을 가장하거나, 당신의 문제가 정말로 위장된 축복인 이유를 찾으려고 노력하는 것은 문제가 아니다. 행복을 선택하는 것은 당신의 기쁨과 당신의 안전, 당신의 평안을 하나님의 말씀의 견고한 토대 위에 두기로 결정하는 것이다. 그것은 하나님의 자녀로서 당신에게 주어진 모든 혜택과 축복을 기억하기로 결정하는 것이다. 그것은 당신이 하나님에 대한 믿음이 있기 때문에 힘든 시기 중에서 미소를 짓는 것은 하나님이 당신의 배후에 계시다는 것을 신뢰하기로 결정하는 것이다! 그러니 당신의 상처 대신 하나님께 받은 복을 세고, 불평 대신 당신은 감사의 말로 채우기 시작하고, 행복해지는 쪽을 선택하라!

Chapter 2

Happiness Is a Choice

The truth is, happiness is a choice independent of your circumstances -not the product of them. When you are robbed of your security through crisis, when the ever-present pain in your body causes you to doubt God's goodness, when the dull grind of life leaves you numb to the joy of being alive, it is up to you and you alone. Either you will choose to let your circumstances dictate your attitude, or you will rise above it all and choose to be happy. It takes courage to dream big when you live small, and it takes strength to find happiness in the midst of pain.

For most people, their happiness -or lack thereof- is dependent upon their circumstances. If things are good, they are happy; if things are not good, then they are not. This will cause them to be up one moment and down the next, happy one day and depressed the next. This emotional rollercoaster lifestyle is no way to live your life! Live like this for any length of time and you'll find yourself stressed out, tired, and weak.

It's not a matter of ignoring difficulties, feigning happiness in the face of adversity, or trying to find a reason why your problem is really a blessing in disguise. Choosing happiness is choosing to base your joy, your security, and your peace on the solid foundation of the Word of God. It's choosing to remember all the benefits and blessings afforded to you as a child of God. It's choosing to trust that God has your back, to smile in the midst of trying times because you have faith in your God! So count your blessings instead of your hurts, begin to fill your words with thanksgiving instead of complaining, and choose to be happy!

기도

주여, 나의 생명과 구원에 대해 감사하나이다. 나를 당신의 자녀로 삼아 주셔서 감사하나이다. 나를 당신께 이끌어 달라고 부탁하나이다. 내가 당신이 행하신 모든 일과 나를 위해서 행하시고 계시는 모든 일에 비추어 살도록 도와 주소서. 내가 처한 상황 대신 당신과 당신의 말씀에 바라보도록 일깨워 주소서. 나의 걱정을 당신께 벗어 던지도록 도와주시고, 나의 걱정을 맡으신 주님을 완전히 신뢰하도록 도와주소서. 내 삶에서 어떤 일이 일어나든 개의치 않고 행복하기를 선택할 때, 사람들이 그들 스스로 당신 안에서만 찾을 수 있는 행복을 찾기를 원하기 때문에 사람들을 당신께 가까이 끌어당길 등불로 사용하여 주시기를 구하나이다. 당신은 나의 미소이시나이다. 주여! 감사하나이다. 예수님의 이름으로 기도하옵나이다. 아멘.

Prayer

Lord, Thank You for my life and for my salvation. Thank You for making me Your child. I ask that You draw me near to You. Help me to live in the light of all that You have done, and are doing for me. Remind me to look to You and Your Word instead of my circumstance. Help me to cast my cares on You, and to trust You with them completely. I ask that as I choose to be happy regardless of what is going on in my life, that You will use me as a beacon of hope that will draw people closer to You because they themselves want to find the happiness that can only be found in You. You are my smile, Lord. Thank You. Amen!

성경

"사랑하는 자들아 너희를 연단하려고 오는 불 시험을 이상한 일 당하는 것 같이 이상히 여기지 말고 오히려 너희가 그리스도의 고난에 참여하는 것으로 즐거워하라 이는 그의 영광을 나타내실 때에 너희로 즐거워하고 기뻐하게 하려 함이라."

– 벧전 4:12-13

"또 여호와를 기뻐하라 그가 네 마음의 소원을 네게 이루어 주시리로다."

– 시 37:4

"주 안에서 항상 기뻐하라 내가 다시 말하노니 기뻐하라."

– 빌 4:4

"내 형제들아 너희가 여러 가지 시험을 당하거든 온전히 기쁘게 여기라 이는 너희 믿음의 시련이 인내를 만들어 내는 줄 너희가 앎이라."

– 약 1:2-3

Scriptures

"Friends, when life gets really difficult, don't jump to the conclusion that God isn't on the job. Instead, be glad that you are in the very thick of what Christ experienced. This is a spiritual refin- ing process, with glory just around the corner."

- 1 Peter 4:12-13 MSG

"Enjoy the Lord, and he will give what your heart asks."

- Psalm 37:4 CEB

"Rejoice in the Lord always delight, gladden yourselves in Him; again I say, Rejoice!"

- Philippians 4:4 AMPC

"Dear brothers and sisters, when troubles of any kind come your way, consider it an opportu- nity for great joy. For you know that when your faith is tested, your endurance has a chance to grow. So let it grow, for when your endurance is fully developed, you will be perfect and com- plete, needing nothing."

- James 1:2-4 NLT

"행복은 결과가 아니라 선택이다. 당신이 행복하기로 선택
할 때까지 어떤 것도 당신을 행복하게 만드는 것은 없다. 당
신이 행복하기로 결정하지 않는 한 아무도 당신을 행복하
게 만들지 않을 것이다. 당신의 행복은 당신에게 오지 않을
것이다. 행복은 당신한테서만 나올 수 있다."

−랄프 마 스턴(Ralph Marston)

"Happiness is a choice, not a result. Nothing will make you happy until you choose to be happy. No person will make you happy unless you decide to be happy. Your happiness will not come to you. It can only come from you."

- Ralph Marston

"그가 친히 말씀하시기를 내가 결코 너희를 버리지 아니하고
너희를 떠나지 아니하리라 하셨느니라
그러므로 우리가 담대히 말하되 주는 나를 돕는 이시니
내가 무서워하지 아니하겠노라 사람이 내게 어찌하리요."

－히 13:5-6

"For He God Himself has said, I will not in any way fail you nor give you up nor leave you without support. I will not, I will not, I will not in any degree leave you helpless nor forsake nor let [you] down (relax My hold on you)! Assur- edly not! So we take comfort and are encouraged and confidently and boldly say, The Lord is my Helper; I will not be seized with alarm I will not fear or dread or be terrified. What can man do to me?"

- Hebrews 13:5-6

3장

도움

우리 모두는 도움이 필요하다. 당신은 도움이 필요하거나 도움을 요청한다고 해서 약한 것이 아니다. 하나님은 우리가 그분을 필요로 하고 서로를 필요로 하도록 만드셨다. 예수님도 십자가의 무게에 쓰러지셨다. 그분은 그분의 숙명을 수행하는데 도움이 필요하셨다. 하나님은 예수님의 십자가를 짊어지도록 시몬이라는 사람을 사용하셨다. 하나님은 당신의 피난처이시다. 도움을 구하기 위해 먼저 그분께 달려가라. 하지만 주변 사람들이 도움을 주겠다고 할 때 거부하지 말라. 이는 하나님은 종종 사람들을 사용하여 필요한 도움을 주실 것이다.

우리는 도움이 필요하지만 받지 못하고 있을 때, 우리의 악전고투에서 외로움을 느끼기는 매우 쉽다. 우리는 우리가 겪고 있는 것을 아무도 걱정하거나 이해하지 못한다고 생각한다. 그러나 이것은 거짓말이고 사실은 다른 사람들이 관심을 갖고 많은 사람들이 당신의 삶에서 경험하고 있는 것을 겪었다. 하나님은 이 사람들을 당신을 격려하시고 강화시키시기 위해서 이 사람들을 사용하실 수 있다.

그렇지만 친구들이 당신을 구하러 오든 말든, 당신을 돕기 위해 필요하다면 하나님은 하늘과 땅을 움직이실 것이다. 그분의 말씀은 이 세상에서 가장 확실한 토대이며, 당신이 말씀을 믿을 때, 응답이 올 것이다.

하나님은 서로 짐을 지고 서로를 위해 기도하며 그리고 다른 사람의 필요에 민감하라고 말씀하신 것이 그분의 말씀에 있다. 우리는 우리 자신의 문제에 너무 집중해서 더 이상 주변 사람들의 상처와 도전을 볼 수 없다. 우리 자신이 도움을 찾는 것은 다른 사람을 돕는 것이다. 당신이 두렵고, 스트레스를 받고, 걱정하고, 피곤할 때, 당신이 다른 누군가를 도울 수 있도록 당신의 상황을 하나님께 넘겨드리기로 결정하라. 그런 믿음의 행동은 당신과 당신의 문제들 사이의 거리를 만들 것이다. 자신의 문제에 집착하지 않고 다른 사람에게 집중함으로써, 당신은 혼란 속에서 미소 짓는 능력을 되찾게 될 것이다. 당신의 모든 짐을 주님께 맡기고, 그분이 당신을 도우시는 동안 다른 사람들을 돕기로 결정하라.

Chapter 3

Help

We all need help. You are not weak because you need help, nor for asking for help. God made us to need Him and each other. Even Jesus fell under the weight of the cross; He needed help to carry out His destiny, and God used a man named Simon to help carry Jesus' cross. God is your refuge; run to Him for help first, before anyone or anything else, but don't recoil from those around you who offer their assistance, because God will often use people to bring the help you need.

When we need help and we aren't receiving it, it's very easy to feel alone in our struggle. We think that no one cares or understands what we are going through. But this is a lie, and the truth is others do care, and many have been through what you are experiencing in your life. God can use these people to encourage and strengthen you.

That being said, whether friends come to your rescue or not, God will move heaven and earth if need be to help you. His Word is the surest foundation in this world, and when you trust in it, the answer will come.

It is in His Word that God tells us to bear one another's

burdens, to pray for each other, and to be sensitive to the needs of others. We can get so focused on our own problems that we no longer see the hurts and challenges of those around us. It's through helping others that we ourselves find help. When you are scared, stressed, worried, and tired, choose to surrender your circumstances over to God so you can help someone else. That act of faith will create distance between you and your problems. By focusing on others instead of obsessing about your own problems, you will find you regain the ability to smile in the midst of the mess. Cast the whole of your burden on the Lord, and choose to help others while He in turn helps you.

기도

주여! 당신의 말씀에서 내가 도움이 필요할 때 당신께 오라고 말씀하시나이다. 나는 지금 당신께 나를 도와달라고 요청하고 있나이다. 주여! 당신의 사랑과 신실하심에 감사드리나이다. 위로와 평안, 지혜와 인도하심에 감사드리나이다. 당신을 "아버지"라고 부르는 것이 나에게 축복이나이다. 당신은 정확히 내가 겪고 있는 것과 정확히 내가 필요한 것을 알고 계시나이다. 나의 모든 걱정과 두려움과 나의 모든 염려를 당신께 맡겼나이다. 나 자신의 필요에 너무 집중해서 주변 사람들에게 손을 내밀어서 도와주는 것을 잊어버리지 않도록 도와주소서. 다른 사람들을 격려하고 위로하도록 도와주소서. 당신의 사랑과 생명과 빛이 나를 통해 내 주변의 세상을 비추게 하소서. 예수님의 이름으로 기도하옵나이다. 아멘.

Prayer

Lord, in Your Word, You say to come to You when I am in need, and that I will find help. I am asking You now to help me. Lord, thank You for Your love and faithfulness. Thank You for comfort and peace, wisdom and guidance. It blesses me to call You "Father." You know exactly what I'm going through and exactly what I need. I cast all of my worries, all of my fears, and all of my anxiety on You, Lord. Help me not to be so focused on my own needs that I forget to reach out and help those around me. Help me to encourage and comfort others. Let Your love, life, and light shine through me to the world around me. Amen.

성경

"우리에게 있는 대제사장은 우리의 연약함을 동정하지 못하실 이가 아니요 모든 일에 우리와 똑같이 시험을 받으신 이로되 죄는 없으시니라 그러므로 우리는 긍휼하심을 받고 때를 따라 돕는 은혜를 얻기 위하여 은혜의 보좌 앞에 담대히 나아갈 것이니라."

– 히 4:15-16

"구제를 좋아하는 자는 풍족하여질 것이요 남을 윤택하게 하는 자는 자기도 윤택하여지리라."

– 잠 11:25

"긍휼히 여기는 자는 복이 있나니 그들이 긍휼히 여김을 받을 것임이요."

– 마 5:7

"하나님은 우리의 피난처시요 힘이시니 환난 중에 만날 큰 도움이시라."

– 시 46:1

Scriptures

"For we do not have a High Priest Who is unable to understand and sympathize and have a shared feeling with our weaknesses and infir- mities and liability to the assaults of temptation, but One Who has been tempted in every respect as we are, yet without sinning. Let us then fear- lessly and confidently and boldly draw near to the throne of grace (the throne of God's unmer- ited favor to us sinners), that we may receive mercy for our failures and find grace to help in good time for every need appropriate help and well-timed help, coming just when we need it.

- Hebrews 4:15-16 AMPC

"The one who blesses others is abundantly blessed; those who help others are helped."

- Proverbs 11:25 MSG

"You're blessed when you care. At the moment of being 'care-full,' you find yourselves cared for."

- Matthew 5:7 MSG

God is our refuge and strength, a very present help in trouble.

- Psalm 46:1 KJV

"다른 사람의 짐을 덜어주는 사람은 이 세상에서 쓸모 없는 사람은 없다."

– 찰스 디킨스(Charles Dickens)

"No one is useless in this world who lightens the burdens of another."

- Charles Dickens

"결코 굴복하지 말라, 결코 굴복하지 말라, 결코, 결코, 결코, 큰 것이든 작은 것이든, 많은 것이든 꽤 많은 것이든, 명예와 분별에 대한 확신외에는 결코 굴복하지 말라. 결코 기세에 굴복하지 말라. 보기에 적의 압도적인 위세에 굴복하지 말라."

– 윈스턴 처칠(Winston Churchill)

"Never give in, never give in, never, never, never, in nothing great or small, large or petty, never give in except to convictions of honor and good sense. Never yield to force; never yield to the apparently overwhelming might of the enemy."

- Winston Churchill

4장

넉 다운되었지만, 아웃은 아니다

당신의 장점을 보여주는 것은 당신이 맞았을 때 당신이 얼마나 심하게 넘어지는가가 아니라 당신이 얼마나 세게 반격하는가 하는 것이다. 가장 위대한 사람들은 눈앞에 닥친 위기 때문에 그들의 발을 헛디뎠지만, 그 자리에 머물러 있지 않았다. 예수님도 십자가의 무게에 짓눌림을 당하셨지만 다시 일어나셨다.

삶이 꽤 힘든 타격을 가할 수 있다. 속담에 나오는 구절처럼, 우리는 우리의 지반이 무너질 수 있다. 이것은 예상할 수 있는 것이지 두려워할 수 있는 것이 아니다. 당신의 지위나 삶의 상황에 상관없이, 위기는 불가피하다. 상실, 병, 배신, 실패는 시간 낭비와 산산조각난 꿈의 여파로 절망감을 느끼게 할 수 있다.

사도 바울은 고린도후서 4장 8-9절에서 이렇게 표현했다. "우리는 사방에서 세게 밀린다. 그러나 우리는 녹초가 되는 않는다. 우리는 당황한다. 그러나 소망을 잃지는 않는다. 다른 사람들이 우리를 고통스럽게 한다. 그러나 하나님은 우리를 버리지 않으신다. 우리는 쓰러진다. 그러나 우리는 기절하지 않는다"(NIRV-주니어 성경).

병과 질병이 당신의 기쁨을 빼앗지 않도록 하라. 당신의 현재의 상황의 고통이 그리스도 안에서의 미래의 소망에 대한 당신의 판단력을 잃게 하지 않도록 하라. 당신이 쓰러졌을 때 패배하는 것이 아니라, 당신이 단지 슬럼프 상태에 있을 때만 패배하는 것이다. 당신이 주님을 믿을 때, 주님은 당신을 낙담과 절망의 깊은 곳에서 승리의 자리로 우뚝 솟게 하실 것이다.

다시 시도하고, 다시 꿈을 꾸고, 극복할 수 없을 것 같은 것을 극복하라. 두렵고, 당신이 불안하고, 약해지더라도 밀어붙이라. 하나님이 필요로 하시는 모든 것은 믿음의 발걸음이며 당신이 지금 있는 곳에서 당신을 바로 만나실 것이다. 그분의 힘과 용기, 그분의 확신이 당신이 한 걸음 한 걸음 걸을 때마다 당신 안에 심어질 것이다. 하나님이 길을 만들어 주실 것임을 알고 믿음의 한 걸음을 내딛을 만큼 담대하게 행동하라.

Chapter 4

Knocked down, But not out

It's not how hard you fall when you are hit that shows your merit, it's how hard you hit back. The greatest men and women have been knocked off their feet due to a crisis at hand, but they didn't stay there. Even Jesus buckled under the weight of the cross, but He got back up.

Life can deal some pretty hard blows. We can get, as the proverbial phrase goes, our feet knocked out from under us. This is to be expected and not feared. Regardless of your station or your situation in life, crisis is inev- itable. Loss, sickness, betrayal, and failures can leave you feeling hopeless in the wake of wasted time and shattered dreams.

But be encouraged, though hard times come, with God they cannot last. The Apostle Paul put it this way in 2 Corinthians 4:8-9 (NIRV) "We are pushed hard from all sides. But we are not beaten down. We are bewildered. But that doesn't make us lose hope. Others make us suffer. But God does not desert us. We are knocked down. But we are not knocked out."

Don't let sickness and disease take your joy, don't let the pain of your current situation blind you to the hope of your future in Christ. You are not defeated when you get knocked down, only when you stay down. As you trust in the Lord, He will cause you to rise from the depths of discouragement and despair to a place of victory.

Dare to try again, to dream again, to over- come that which seems insurmountable. Even if you feel afraid, insecure, and weak, press on. All God needs is a step of faith and He'll meet you right where you are. His strength, His courage, and His confidence will be instilled within you with every step you take. Be auda- cious enough to take a step of faith, knowing that God will make a way.

기도

주여! 나의 피난처가 되어 주셔서 감사하나이다. 내가 가장 큰 타격을 받을 때 당신 앞에서 위안을 찾을 수 있다는 것을 알고 있나이다. 나는 그것을 혼자 할 수는 없나이다. 그러나 나는 혼자가 아니라는 것은 알고 있나이다. 나를 사랑해 주시고, 보살펴 주시고, 당신의 약속을 지켜 주셔서 감사하나이다.

내 힘이 약해졌을 때 다시 일어서도록 당신의 힘을 구하나이다. 당신이 나의 힘, 소망, 기쁨의 근원이심을 아나이다. 최후의 수단이 아니라 도움을 위해서 먼저 당신과 당신의 말씀을 의지하도록 나를 도와주소서. 내가 다시 일어나서 당신의 선하심을 선포할 수 있도록 실패한 가운데 있는 내가 누구인지 상기시켜주소서. 당신의 기쁨과 평안으로 나를 채우소서. 당신이 모든 성도들이 활용할 수 있게 하신 당신의 부활 능력에 연결하도록 도와주소서. 일어서서 분발하도록 용기와 힘, 불굴의 정신을 주셔서 감사하나이다. 예수님의 이름으로 기도하옵나이다. 아멘.

Prayer

Lord, thank You for being my refuge, I know when I am hardest hit I can find comfort in Your presence. I can't do it alone, but I know I am not alone. Thank You for loving me, caring for me, for keeping Your promises.

I ask for Your strength to get back up when my own strength has failed. I know that You are my source of strength, hope, and joy. Help me to turn to You and Your Word first for help, instead of as a last resort. Remind me who I am in the midst of failures, so that I may rise again and proclaim Your goodness. Fill me with Your joy and peace. Help me to plug into Your resurrection power that You have made available to all believers. Thank You for courage, strength, and the fortitude to rise up and press on. Amen.

성경

"우리가 사방으로 우겨쌈을 당하여도 싸이지 아니하며 답답한 일을 당하여도 낙심하지 아니하며 박해를 받아도 버린 바 되지 아니하며 거꾸러뜨림을 당하여도 망하지 아니하고"

– 고후 4:8-9

"대저 의인은 일곱 번 넘어질지라도 다시 일어나려니와 악인은 재앙으로 말미암아 엎드러지느니라"

– 잠 24:16

"여호와께서는 모든 넘어지는 자들을 붙드시며 비굴한 자들을 일으키시는도다"

– 시 145:14

Scriptures

"We are hedged in (pressed) on every side troubled and oppressed in every way, but not cramped or crushed; we suffer embarrassments and are perplexed and unable to find a way out, but not driven to despair; We are pursued (persecuted and hard driven), but not deserted to stand alone; we are struck down to the ground, but never struck out and destroyed.

- 2 Corinthians 4:8-9 AMPC

"The godly may trip seven times, but they will get up again. But one disaster is enough to overthrow the wicked."

- Proverbs 24:16 NLT

"The Lord helps the fallen and lifts those bent beneath their loads."

- Psalm 145:14 NLT

"의인이 부르짖으매 여호와께서 들으시고 그들의 모든 환난에서 건지셨도다 여호와는 마음이 상한 자를 가까이 하시고 충심으로 통회하는 자를 구원하시는도다 의인은 고난이 많으나 여호와께서 그의 모든 고난에서 건지시는도다"

– 시 34:17-19

"Is anyone crying for help? God is lis- tening, ready to rescue you. If your heart is broken, you'll find God right there; If you're kicked in the gut, He'll help you catch your breath. Disciples so often get into trouble; still, God is there every time."

- Psalm 34:17-19 MSG

"당신의 축복을 세어 보아라.
당신이 얼마나 소중한 사람인지,
당신이 얼마나 유리한 입장에 있는지를 깨닫게 되면
미소가 돌아오고, 태양이 뜨고, 음악이 연주되고,
마침내 당신은 하나님이 당신을 위해 의도하신 은혜,
힘, 용기, 자신감의 삶을 향해 나아갈 수 있을 것이다."

– 오그 만디노(Og Mandino)

"Count your blessings. Once you realize how valuable you are and how much you have going for you, the smiles will return, the sun will break out, the music will play, and you will finally be able to move forward with the life that God intended for you with grace, strength, courage, and confidence."

- Og Mandino

5장

상실

    인간의 경험에 보편적인 한 가지는 상실이다. 우리가 이 세상에 있는 동안 모든 것이 시작과 끝이 있다는 것은 냉정한 진실이다. 상실은 직업, 관계, 사랑하는 사람의 생명, 영향력, 목적 또는 단순히 한때 할 수 있었던 당신의 능력 등 다양한 방식으로 발생한다. 상실은 우리 모두가 경험하게 되는 피할 수 없는 사건이라는 것을 알기 때문에 우리가 무언가 또는 누군가를 잃었을 때 일어나는 모든 고통, 혼란 및 좌절을 처리하는 방법을 배우는 것은 매우 중요하다. 상실을 다루는 것은 과정이다. 슬픔과 상처, 혼란의 감정을 갖는 것은 괜찮지만, 당신이 너무 오랫동안 상실의 고통을 곱씹을 때 그것이 당신의 삶을 독점하고 당신의 치유의 능력을 방해할 수 있다.

    우리가 상실을 경험할 때, 공허함은 우리가 잃어버린 것이 우리에게 얼마나 중요한지에 비례하여 생기는 것이다. 너무 자주 우리는 공허함을 잘못된 것으로 채우려고 한다. 우리는 그것을 생각하지 않으면 고통이 사라질 것이라고 생각하면서 기분전환으로 그것을 채울 것이다. 하지만 결국 우리는 고통을 더 길게 만들 뿐이다.

우리는 마약이나 알코올로 공허함을 치유하려고 할 수도 있지만, 결국 약물 남용의 자기 파괴적인 성격으로 인해 우리의 삶을 더 궁지로 몰게 된다.

우리는 애초에 그 존재에 대해 남의 탓을 하면서 그 공허함을 복수심과 증오심으로 채우려 할 수 있었다. 이러한 상실을 다루는 방법의 문제는 우리가 우리의 상처를 가지고 하나님께 달려가는 대신 우리의 상처로부터 도망치고 있는 것이다. 당신이 하나님께 소망을 둘 때, 당신은 그것을 어떻게 할 것인지 알 필요는 없고, 단지 당신이 하나님이 당신과 함께 하시기 때문에 언젠가, 어떻게든 그것을 해낼 것이라는 것을 알 필요가 있다.

당신이 하나님께 기대면 하나님의 생명과 사랑, 빛이 그 자리를 차지하면서 공허함이 사라지기 시작할 것이다.

Chapter 5

Loss

One thing that is universal to the human experience is loss. It's a sobering truth that while we are on this earth there is a beginning and an end to everything. Loss strikes in many different ways—a job, a relationship, the life of a loved one, your influence, your purpose, or simply your ability to do what you once could. Knowing that loss is an inevitable event we all must experience, it's so critical that we learn how to navigate all the pain, confusion, and frustration that occurs when we lose something or someone. Dealing with loss is a process, and it's OK to have feelings of grief, hurt, and confusion, but when you dwell on the pain of loss for too long it can monopolize your life and hinder your ability to heal.

When we experience loss, an emptiness is created that is proportional to how significant the thing was to us that we lost. Too often we try to fill the emptiness with the wrong stuff. We'll fill it up with distractions, thinking that the pain will go away if we don't think about it, but we end up only making our suffering longer. We may try to medicate our emptiness with drugs or alcohol, but we end up making the hole in our lives bigger by the self-destructive nature of substance abuse.

We could try to fill the emptiness with revenge and hatred, blaming others for its existence in the first place. The problem with these methods of dealing with loss is that we are running away from our hurt instead of running to God with our hurt. As you hope in God, you don't have to know how you will make it through, just know that you will—that some- time, somehow, everything will be OK because God is with you.

As you lean on God, the emptiness will begin to fade as God's life, love, and light takes its place.

기도

주여! 당신은 상실이 어떤 것인지 알고 계신다는 것을 알고 있나이다. 당신은 나를 얻기 위해서 당신의 가장 사랑하는 아들을 잃으셨나이다. 주여! 나를 강하게 하소서. 나를 격려하시고 내 감정이 거칠어지고 마음이 무거울 때 당신을 바라보는 방법을 가르쳐 주소서. 당신이 나를 사랑하신다는 것을 알고 있나이다. 당신이 좋으신 하나님이시라는 것을 알고 있나이다. 그러나 주여! 솔직히 말씀드려서 내가 느끼는 것과 아는 것이 지금 정돈되지 않나이다. 주여! 나는 당신이 내 마음을 치유하시고 상실로 인해 남겨진 내 삶의 틈을 당신 안에서 발견되는 소망으로 채워 주시기를 구하나이다. 당신은 내가 필요로 하는 모든 것과 모든 공허함에 충분하시나이다. 당신의 도우심에 감사하나이다. 예수님의 이름으로 기도하옵나이다. 아멘.

Prayer

Lord, I know You know what loss is like. You lost Your most beloved Son, for the sake of gaining me. Strengthen me, Lord. Encourage me, teach me how to look to You when my emo- tions are running wild, and my heart heavy. I know You love me, I know You are a good God, but Lord, if I'm being honest, what I feel and what I know aren't lining up right now. Lord, I ask You to heal my heart, fill the gaps of my life left by loss with the hope that is found in You. You are more than enough for every need and every void that I have. Thank You, Lord, for Your help. Amen.

성경

"여호와는 마음이 상한 자를 가까이 하시고 충심으로 통회하는 자를 구원하시는도다."

– 시 34:18

"상심한 자들을 고치시며 그들의 상처를 싸매시는도다."

– 시 147:3

"너희는 마음에 근심하지 말라 하나님을 믿으니 또 나를 믿으라."

– 요 14:1

"모든 눈물을 그 눈에서 닦아 주시니 다시는 사망이 없고 애통하는 것이나 곡하는 것이나 아픈 것이 다시 있지 아니하리니 처음 것들이 다 지나갔음이러라."

– 계 21:4

Scriptures

"The Lord is close to the broken hearted; he rescues those whose spirits are crushed."

- Psalm 34:18 NLT

"He heals the brokenhearted and binds up their wounds curing their pains and their sorrows."

- Psalm 147:3 AMPC

"Do not let your hearts be troubled (dis- tressed, agitated). You believe in and adhere to and trust in and rely on God; believe in and adhere to and trust in and rely also on Me."

- John 14:1 AMPC

"God will wipe away every tear from their eyes; and death shall be no more, neither shall there be anguish (sorrow and mourning) nor grief nor pain any more, for the old conditions and the former order of things have passed away."

- Revelation 21:4 AMPC

밤을 기다리지 않는 큰 어둠,
빛을 숨기는 차갑고 텅 빈 공허가 있다.
모든 시작에는 끝이 있다.
마치 당신의 적이 이기는 것 같은 느낌이다.
이 세상의 암은 태어난 이후로 피할 수 없다.
우리는 죽음을 위해 창조되지 않았다.
사랑의 마지막 숨의 고통을 느끼기 위해,
우리 가정에 상실을 가져다 준 죄, 용서 받았지만
그 자녀는 여전히 방황하고 있다.
그 발톱은 날카롭지만 찌르는 것은 제거되었다.
고통은 깊어졌지만 독은 가라앉았다.
당신은 사랑이라 부르는 가장 순수한 빛, 위에 아빠가 계시고,
당신은 공허를 뚫을 준비가 되어 있다.
그러므로 당신은 망하지 않을 것이다.
그분께 기대라, 그러면 고통은 서서히 사라질 것이다.
어둠이 그늘로, 내일의 소망으로 바뀔 때
어제의 슬픔이 줄어들기 시작한다.

– 제이크 프로방스(Jake Provance)

"There is a great darkness that doesn't wait for night,
A cold, empty void that hides the light.
It's the end to every beginning,
Feels as if your enemy is winning.
This cancer of the earth, inescapable since birth.
We were not made for death,
To feel the pain of love's last breath,
The sin that brought loss to our homes,
Has been forgiven but its child still roams,
With its claws sharp but its sting removed,
The pain cuts deep but its poison subdued,
You have a Daddy above,
The purest light named Love, Ready to pierce the void,
So you won't be destroyed
Lean on Him and the pain will slowly fade,
As the darkness turns to shade,
And the hope of tomorrow,
Begins to lessen yesterday's sorrow.

- Jake provance

"선수 생활을 통틀어 나는 9,000개 이상 슛을 놓쳤다.
거의 300회의 경기에서 패배했다.
경기를 뒤집을 수 있는 슛 기회에서 26번 실패했다.
나는 살아오면서 계속 실패를 거듭했다.
그것이 내가 성공한 이유다."

– 마이클 조던(Michael Jordan)

"I've missed more than 9000 shots in my career. I've lost almost 300 games. 26 times, I've been trusted to take the game winning shot and missed. I've failed over and over and over again in my life. And that is why I succeed."

- Michael Jordan

6장

중단하지 말라

우리 모두는 어느 순간에 포기하거나 그만두고 싶은 마음이 들지만 절망에 굴복하지 않는다. 하나님은 당신을 위한 계획이 있으시다. 당신이 단호하게 밀고 나간다면 당신의 돌파구는 바로 코앞에 있다.

해마다 당신은 폭풍을 견뎌내면서 보냈지만 자신의 인내의 한계에 도달했을 때, 중단하지 말라. 몸이 너무 오랫동안 아파서 영혼이 병들었을 때도, 중단하지 말라. 우울증, 두려움, 걱정이 절망의 지경에 이를 정도까지 당신이 스트레스를 받았을 때, 중단하지 말라. 상황이 대단히 심각하고 끝이 없어 보일 때 중단하지 말라. 단지 당신이 하나님과 함께라면, 자신이 그것을 어떻게 극복할 것인지 알 필요가 없다. 당신이 포기하지만 않는다면 당신은 그것을 통과할 것이다.

자정의 시간은 모든 사람에게 다가온다. 우리가 그리스도인이라고 해서 면제되는 것이 아니다. 성경은 이렇게 말씀한다. "하나님이 비를 의로운자와 불의한 자에게 내려주신다." 따라서 당신이 끔찍한 상황에 직면했을 때 두려워하거나 초

조해하지 말라. 하나님은 당신이 도전받을 것을 알고 계셨다 그것이 그분이 당신이 삶의 어려움을 겪으면서 당신 자신을 볼 수 있도록 우리에게 그분의 말씀을 주신 이유이다.

하나님은 당신과 함께 계시고 당신을 위하시며 당신 편이시다. 죽은 자로부터 그리스도를 살리신 바로 그 영이 당신 안에 계신다! 하나님의 말씀을 읽고, 말씀 안에서 발견된 진리를 당신의 삶 속에 선포하고 그 말씀에 따라 행동함으로써 말씀을 활성화하라. 그렇게 함으로써, 말씀이 당신의 몸을 활성화시키고, 당신의 마음을 평안으로 채우고, 당신의 마음을 기쁨으로 스며들게 할 것이고, 당신의 결심을 어떤 시련에도 맞서고 어떤 폭풍에도 견딜 수 있는 힘으로 가득 채울 것이다.

그러므로 시련이 얼마나 어둡게 보이든지 또는 어둡게 느끼든지 상관없이 하나님의 말씀의 힘과 위안, 빛이 당신의 마음을 안정시키고 현재의 어려움에서 당신을 인도하게 하라. 이제 이기는 자의 불굴의 정신으로 당신의 도전에 맞서 일어서서 싸울 때다. 밤이 끝이 없고 피할 수 없는 것처럼 보일지 모르지만 당신이 중단하지 않으면 새벽의 빛은 필연적이다!

Chapter 6

Don't Quit

We all feel like giving up and quitting at one point or another, but don't give in to despair. God has a plan for you, and your breakthrough is right around the corner if you will only press on.

When you've spent year after year weath- ering your storm, but you have reached the limit of your endurance, Don't Quit. When you've been sick so long in your body that you become sick in your soul, Don't Quit. When depression, fear, and worry have stressed you to the point of despair, Don't Quit. When your circumstances are dire and they seem endless, Don't Quit. You don't have to know how you will make it through, just know with God, you will make it through if you Don't Quit.

The midnight hour comes to everyone - we are not immune because we are Christians.

The Bible puts it like this, "the rain falls on the just, and the unjust." So do not fear or fret when faced with dire circumstances. God knew you would be presented with challenges, that's why He gave us His Word to see you through life's difficulties.

God is with you. God is for you. God is on your side! The same Spirit that raised Christ from the dead resides in you! Activate it by reading God's Word, speaking the truth found in it over your life, and acting upon it. By doing so, it will revitalize your body, fill your mind with peace, permeate your heart with joy, and flood your resolve with strength to face any trial and weather any storm.

So regardless of how dark it may look or feel, let the power, comfort, and light of the Word of God steady your heart and guide you out of your current difficulties. It's the time to stand up and fight back, to face your challenges with an indomitable spirit of an overcomer. Though the night may seem unending and inescapable, the light of dawn is inevitable if you Don't Quit!

기도

주여! 내가 살아있는 것을 감사하나이다. 당신은 나를 안전하게 지켜주셨고, 끔찍한 상황에서 나를 구해주셨나이다. 당신은 길이 없을 때 나를 위해서 길을 만들어 주셨나이다. 하나님 아버지! 내가 의심의 시험을 받을 때 당신이 나를 구원하신 것을 당신이 항상 상기시켜주시기를 구하나이다. 내가 가장 큰 타격을 받을 때, 당신과 연합할 수 있도록 도와주소서. 평안, 명쾌한 정신, 힘, 그것을 극복할 수 있는 기쁨, 그리고 미래에 대한 소망을 구하나이다. 당신은 내 편에서 항상 그렇게 하셨고 지금도, 그리고 항상 그렇게 하셨나이다. 나에게 그 일을 상기시켜 주시고, 당신의 말씀으로 위안을 삼도록 도와주소서. 내가 낙담, 실망, 방해와 싸울 수 있도록 도와주소서. 만약 내가 중단하지 않는다면 나는 이길 운명이라는 것을 알고 있나이다. 나는 중단하지 않을 것이나이다. 예수님의 이름으로 기도하옵나이다. 아멘.

Prayer

Thank You, Lord, that I am alive. You have kept me safe, You have delivered me from terrible situations. You have made a way for me when there was no way. Thank You, God. Father, I ask that You would remind me of all the times You've delivered me when I'm tempted to doubt. When I'm hardest hit, help me to stay united with You. I ask for peace, clarity of mind, strength, and joy to make it through, and hope for the future. You have been, are, and always will be, by my side; remind me of that and help me take comfort in Your words. Help me to fight through discouragement, disappointment, and setbacks. I know that I'm destined to win if I won't quit. Amen.

성경

"이것을 너희에게 이르는 것은 너희로 내 안에서 평안을 누리게 하려 함이라 세상에서는 너희가 환난을 당하나 담대하라 내가 세상을 이기었노라."

– 요 16:33

"항상 우리를 그리스도 안에서 이기게 하시고 우리로 말미암아 각처에서 그리스도를 아는 냄새를 나타내시는 하나님께 감사하노라."

– 고후 2:14

"우리 주 예수 그리스도로 말미암아 우리에게 승리를 주시는 하나님께 감사하노니."

– 고전 15:57

Scriptures

"I have told you these things, so that in Me you may have perfect peace and confidence. In the world you have tribulation and trials and distress and frustration; but be of good cheer take courage; be confident, certain, undaunted! For I have overcome the world. I have deprived it of power to harm you and have conquered it for you."

- John 16:33 AMPC

"Now thanks be unto God, which always causeth us to triumph in Christ, and maketh manifest the savour of his knowledge by us in every place."

- 2 Corinthians 2:14 KJV

"But thanks be to God, Who gives us the victory making us conquerors through our Lord Jesus Christ."

- 1 Corinthians 15:57 AMPC

중단하지 말라

때때로 일이 잘못될 때, 당신이 터벅터벅 걷고 있는 길이 모두
오르막으로 보일 때, 자금이 부족하고 부채가 많을 때,
그리고 당신이 미소를 짓고 싶지만, 한숨을 쉬어야 할 때,
걱정이 당신을 좀 억누를 때,
만일 당신이 쉬어야 한다면 쉬어라.
그러나 당신은 중단하지 말라. 삶은 우리 가운데 모든 사람들이
때때로 배우는 것처럼 우여곡절과 함께 기이하다.
많은 실패는 그가 그것을 버렸더라면 이겼을지도
모를 때 온다. 속도가 느려 보이지만 포기하지 말라.
당신은 또 한 번 타격을 입으면 성공할 수도 있다.
성공은 실패, 즉 의심의 구름의 은빛 색조를 뒤집어
놓은 것이다. 그래서 당신은 당신이 얼마나 성공이
가까이 있는지 결코 알 수 없다.
성공이 그렇게 멀리 보이는 때가 가까울 수도 있다.
그러므로 당신이 가장 큰 타격을 입었을 때
계속 싸우라. 상황이 최악으로 보일 때,
당신은 중단해서는 안된다.

– 존 그린리프 위 티어(John Greenleaf Whittier)

Don't Quit

When things go wrong as they sometimes will, When
the road you're trudging seems all up hill, When the
funds are low and the debts are high And you want to
smile, but you have to sigh, When care is pressing you
down a bit,
Rest if you must, but don't you quit. Life is strange
with its twists and turns As every one of us sometimes
learns And many a failure comes about
When he might have won had he stuck it out; Don't
give up though the pace seems slow-You may succeed
with another blow.
Success is failure turned inside out- The silver tint of
the clouds of doubt,
And you never can tell just how close you are, It may
be near when it seems so far;
So stick to the fight when you're hardest hit-
It's when things seem worst that you must not quit.

- John Greenleaf Whittier

"어떤 상황에서도 하나님의 강력한 평안을 불러일으키는 비밀이 있다면, 그것은 진정한 감사의 마음을 성장시키는 것이다."

– 리사 테르커스트(Lysa Terkeurst)

"If there was ever a secret for unleashing God's powerful peace in a situation, it's developing a heart of true thanksgiving."

- Lysa Terkeurst

7장

감사

우리의 상황이 우리를 망쳤을 때 우리의 육체는 소망의 음성, 즉 하나님의 음성을 들을 수 없을 정도로 울부짖을 수 있다. 삶의 부정적인 면과 우리의 현재 상황, 즉 부정적인 생각으로 우리의 마음을 채우고 심한 의심과 불평에 집중하기 쉽다. 이것은 우리의 힘과 기쁨과 평안을 고갈시킬 것이다. 성경이 당신이 무거운 마음에 직면했을 때, 찬양의 옷을 '입으라'(사 61:3)는 말씀은 이런 경우 때문이다.

하나님이 '만약'이 아니라 '때'라고 말씀하셨을 때, 그것은 그분이 우리 모두가 무거움은 마음에 직면하고 우울하고 걱정하고 두려워할 기회가 있을 것이라는 것을 인식하시고 경고하시는 것이다. 그러나 '입는다'는 것은 우리가 그곳에 머물 필요가 없다고 하나님이 우리를 격려하시는 것이다. 우리는 감사함으로 우리 자신을 입히기 위해 의식적인 선택을 할 수 있다.

당신의 삶에서 가장 힘든 순간에, 당신은 이렇게 생각할 수도 있다.

'글쎄, 내가 무엇을 감사해야 할까?'

그리고 당신이 당신의 상황만 바라본다면 그것은 합리적인 질문일 것이다. 하지만 현재의 문제나 상황이 하나님이 당신을 위해서 당신 안에서 행하신 모든 일에 대해서 당신을 무감각하게 하지 말라. 적어도 당신은 하나님과 함께 영원히 보낼 수 있다. 그것은 당신이 평생동안 흥분하기에 충분하다!

우리가 감사할 때, 그것은 우리가 하나님께 계속 집중하는 것을 돕고 소망의 관점을 가져오는 것에 도움을 준다. 우리의 아버지이신 하나님과 함께 모든 일이 잘 풀릴 것이라는 사실에 안주하면서 온갖 우여곡절을 다 겪은 우리의 삶을 소망의 눈으로 보면 평화와 안위를 가져다 줄 것이다. 바로 폭풍의 한가운데서도 하나님이 행하신 모든 일, 행하시고 계신 일, 행하실 모든 일에 대해서 당신의 목소리를 높여 하나님께 감사하는 것보다 당신의 믿음을 더 크게 표현하는 것은 없다.

Chapter 7

Thankfulness

When our circumstances have beaten us up, our flesh can speak so loudly that we can't hear the voice of hope, the voice of God. It's all too easy to focus on the negativity of life and our current situation; to fill our minds with negative thoughts and our mouths with doubts and complaints. This will drain us of our strength, joy, and peace. It's because of times like these that the Bible says "when" you are faced with a spirit of heaviness, to "put on" a garment of praise.

When God said "when" and not "if," it's Him recognizing and warning us that we all will face a spirit of heaviness and have opportu- nities to be depressed, worried, and fearful. But "put on" is God encouraging us that we don't have to stay there—we can make a conscious choice to clothe ourselves with thankfulness.

In the toughest moments in your life, you might think,

Well, what do I have to be thankful for?

And if you were only looking at your situation, that might be a reasonable question. But don't let the current problem or situation you are in blind you to all that God has done for you, and in you. If nothing else, you get to spend eternity with God. That ought to be enough to be excited about for the rest of your life!

When we are thankful, it helps keep our focus on God and brings a perspective of hope. Seeing our life, with all its ups and downs, through the eyes of hope will bring us peace and security, as we rest in the truth that with God as our Father, everything is going to work out. There is no greater expression of your faith then to lift your voice and thank God for all He's done, is doing, and will do, right there in the midst of the storm.

기도

기도로 감사를 실천하는 것보다 더 좋은 것은 없다. 하나님의 말씀은 모든 선한 것이 하나님께로부터 나온다고 말씀한다. 그러니 잠시 시간을 내어 당신의 삶의 모든 좋은 일에 대해서 하나님께 감사하라.

Prayer

There's nothing better than to practice thankfulness in prayer. God's Word says that every good thing comes from Him. So take a few moments and thank God for everything good in your life.

성경

"항상 기뻐하라 쉬지 말고 기도하라 범사에 감사하라 이것이 그
리스도 예수 안에서 너희를 향하신 하나님의 뜻이니라."

– 살전 5:16-18

"또 무엇을 하든지 말에나 일에나 다 주 예수의 이름으로 하고 그
를 힘입어 하나님 아버지께 감사하라."

– 골 3:17

"기도를 계속하고 기도에 감사함으로 깨어 있으라."

– 골 4:2

"아무 것도 염려하지 말고 다만 모든 일에 기도와 간구로, 너희 구
할 것을 감사함으로 하나님께 아뢰라."

– 빌 4:6

Scriptures

"Rejoice always, pray continually, give thanks in all circumstances, for this is God's will for you in Christ Jesus."

- 1 Thessalonians 5:16-18 NIV

"And whatever you do, whether in word or deed, do it all in the name of the Lord Jesus, giving thanks to God the Father through him."

- Colossians 3:17 NIV

"Be earnest and unwearied and steadfast in your prayer life, being both alert and intent in your praying with thanksgiving."

- Colossians 4:2 AMPC

"Be careful for nothing; but in everything by prayer and supplication with thanksgiving let your requests be made known unto God."

- Philippians 4:6 KJV

"모든 것이 당신이 아니라는 것에 감사하라!
누군가 당신을 잊어버리지 않은 것과 공중에
매달려 있는 녹슨 양철 옷걸이처럼 우스꽝스러운 곳에
혼자 남겨진 것도 아니라는 것에 감사하라.
그게 내가 "멋있다!"고 말한 이유이다.
투덜거리지 말라! 마음을 졸이지 말라!
어떤 사람들은 많이-많이, 아, 당신보다 아주 많이,
정말 많이-많이 훨씬 더 많이, 불행하다!"

– 수스 박사(Dr. Seuss)

"Thank goodness for all of the things you are not! Thank goodness you're not something someone forgot, and left all alone in some punkerish place like a rusty tin coat hanger hanging in space.

That's why I say "Duckie! don't grumble! don't stew! some critters are much-much, oh, ever so much-much, so muchly much-much more unlucky than you!"

- Dr. Seuss

"당신의 시간은 제한되어 있으니, 다른 사람의 삶을 사는 데 낭비하지 말라. 다른 사람들의 생각의 결과와 함께 살고 있는 독단적인 생각에 사로잡히지 말라. 다른 사람들의 의견의 소리가 당신 자신의 내면의 소리를 잃게 하지 말라. 그리고 가장 중요한 것은 당신의 마음과 직관을 따라갈 용기를 가져라."

– 스티브 잡스(Steve Jobs)

"Your time is limited, so don't waste it living someone else's life. Don't be trapped by dogma which is living with the results of other people's thinking. Don't let the noise of others' opinions drown out your own inner voice. And most important, have the courage to follow your heart and intuition."

- Steve Jobs

8장

함정

　당신이 당신의 모든 선택을 소진하고 포기하는 것이 당신이 남은 유일한 선택인 것처럼 보인다면, 일이 결코 변하지 않을 것처럼 느껴지고 동시에 무력감과 절망을 느낀다면, 자신의 삶에 대한 통제력을 잃었다고 느껴지고, 살만한 가치가 있는지 의문이 제기된다면, 당신이 이러한 것들을 느꼈다면, 함정의 느낌이 어떤 것인지 알 것이다. 많은 사람들이 무력감과 절망 그리고 문이 없는 방에서 홀로 있다고 느끼고 있는 자신을 발견하는 것은 불행한 사실이다.

　탈출하는 유일한 길, 나가는 유일한 길은 안으로 하나님을 들어오시도록 하는 것이다.

　주님의 영이 계시는 곳에는 자유가 있다. 하나님은 소망의 하나님이시다. 당신이 그분을 당신의 상황으로 들어오시게 하는 순간, 당신은 소망을 당신 안으로 들어오게 하는 것이다. 그분 앞에는 기쁨이 가득하다. 이는 두려움과 속임의 어둠은 당신을 향하신 하나님의 완벽한 사랑의 빛 속에 존재할 수 없기 때문이다. 당신이 갇혔다고 믿는 것은 거짓을 믿는 것이다. 당신이 그리스도인이라면 결코 진정으로 갇히지 않는다. 하나님은 당신이 그분을 믿고, 그분을 계속 믿는다면, 하나님은 당신을 위해 길을 만들어 주실 수 있고, 또 만들어 주실 것이다.

길이 없는 것처럼 보일 때. 하나님이 길을 만드실 것이다. 당신의 믿음과 당신의 기쁨, 당신의 소망을 포기하려는 시험에 굴복하지 말라. 고린도전서 10장 13절에서 볼 수 있는 그분의 말씀을 들어보라. "인간의 경험에 흔하지 않거나 특이한 시험이거나 인간의 저항을 넘어서는 그 원인과 관계없이 당신을 덮치거나 유혹하는 어떤 시험도 없다. 그러나 하나님은 그분의 말씀에 신실하시다. 그분은 자비로우시고 신뢰할 수 있다. 그분은 당신이 저항하는 능력을 넘어서는 시험을 받지 않게 하실 것이다. 하지만 시험에 덧붙여 그분은 과거에도, 지금도, 앞으로도 항상 제공하실 탈출구를 가지고 계신다. 그래서 당신은 굴복하지 않고 시험을 견뎌낼 수 있을 것이고, 기쁨으로 시험을 극복할 것이다."(부연성경-AMP).

Chapter 8

Trapped

If you have exhausted all your options and giving up seems to be the only choice that you have left; if things feel as if they will never change, and you feel helpless and hopeless at the same time; if you feel like you've lost control over your life, and you question if it is even worth living—if you have felt these things, then you know what it is like to feel trapped. It is an unfortunate truth that many will find themselves feeling helpless, hopeless, and alone in a room with no doors.

The only way to escape, the only way out, is to let God in.

Where the spirit of the Lord is, there is freedom. God is the God of hope, and the moment you let him into your situation, you let hope in. In His presence there is fullness of joy, because the darkness of fear and deception cannot exist in the light of God's perfect love for you. To believe you are trapped is to believe a lie. You are never truly trapped if you are a Christian. God can, and will make a way out for you if you will trust in Him, and keep on trusting in Him.

When there seems to be no way, God will make a way. Don't give into the temptation to give up your faith, your joy, and your hope. Hear it from His own words found in 1 Corin- thians 10:13 AMP: "No temptation regardless of its source has overtaken or enticed you that is not common to human experience nor is any temptation unusual or beyond human resis- tance; but God is faithful to His word-He is compassionate and trustworthy, and He will not let you be tempted beyond your ability to resist, but along with the temptation He has in the past and is now and will always provide the way out as well, so that you will be able to endure it without yielding, and will overcome temptation with joy."

기도

주여! 당신의 말씀대로 당신이 계시는 곳에 자유가 있다는 것을 알고 있나이다. 당신이 결코 나를 떠나지 않으시고 나를 버리지 않으실 것임을 아나이다. 하지만 내가 보는 모든 것에서 오는 갇힌 느낌은 나를 압도할 수 있나이다. 그래서 믿음으로 내 책임의 무게를 내 어깨에서 당신의 어깨에 맡겼나이다. 나의 고통과 혼란과 절망을 당신의 발 앞에 두고 그들의 자리를 대신할 당신의 평안과 기쁨을 구하나이다. 나의 다음 단계를 위해 지혜와 인도하심을 구하나이다. 다시 소망을 갖도록 도와주시고, 나에 대한 당신의 약속을 기억하며 담대하고 자신감 있게 살도록 도와주소서, 그리고 당신이 나를 위해 길을 만들어 주실 것을 조금도 의심의 여지없이 확신할 수 있도록 도와주소서. 감사하나이다. 주여! 예수님의 이름으로 기도하옵나이다. 아멘.

Prayer

Lord I know that according to Your Word, wherever You are, there is freedom. I know that You will never leave me nor forsake me, but the feelings of being trapped coming from everything I see can overwhelm me. So by faith, I cast the weight of my responsibilities off my shoulders and onto yours. I place my pain, my confusion, and my hopelessness at Your feet and I ask for Your peace and joy to take their place. I ask for wisdom and guidance for my next step. Help me to hope again, to live boldly and confidently in remembrance of your promises towards me, and to be assured beyond any doubt that you will make a way for me. Thank you, Lord. Amen.

성경

"하나님이 이르시되 그가 나를 사랑한즉 내가 그를 건지리라 그가 내 이름을 안즉 내가 그를 높이리라 그가 내게 간구하리니 내가 그에게 응답하리라 그들이 환난 당할 때에 내가 그와 함께 하여 그를 건지고 영화롭게 하리라 내가 그를 장수하게 함으로 그를 만족하게 하며 나의 구원을 그에게 보이리라 하시도다."

– 시 91:14-16

"주는 영이시니 주의 영이 계신 곳에는 자유가 있느니라."

– 고후 3:17

"내가 맹인들을 그들이 알지 못하는 길로 이끌며 그들이 알지 못하는 지름길로 인도하며 암흑이 그 앞에서 광명이 되게 하며 굽은 데를 곧게 할 것이라 내가 이 일을 행하여 그들을 버리지 아니하리니라."

– 사 42:16

Scriptures

"If you'll hold on to me for dear life," says God, "I'll get you out of any trouble. I'll give you the best of care if you'll only get to know and trust me. Call me and I'll answer, be at your side in bad times; I'll rescue you, then throw you a party. I'll give you a long life, give you a long drink of salvation!"

- Psalm 91:14-16 MSG

"For the Lord is the Spirit, and wherever the Spirit of the Lord is, there is freedom."

- 2 Corinthians 3:17 NLT

"But I'll take the hand of those who don't know the way, who can't see where they're going. I'll be a personal guide to them, direct- ing them through unknown country. I'll be right there to show them what roads to take, make sure they don't fall into the ditch. These are the things I'll be doing for them-sticking with them, not leaving them for a minute."

- Isaiah 42:16 MSG

"지금부터 20년 후, 당신은 당신이 한 일보다 하지 않은 일에 더 실망하게 될 것이다. 그러니 돛을 뱃머리에 매는 밧줄을 던져버려라. 안전한 항구에서 멀리 항해하라. 당신의 돛에 무역풍을 받아라. 탐험하라. 꿈꾸라. 발견하라."

– 마크 트웨인(Mark Twain)

"Twenty years from now you will be more disappointed by the things that you didn't do than by the ones you did do. So throw off the bowlines. Sail away from the safe harbor. Catch the trade winds in your sails. Explore. Dream. Discover."

- Mark Twain

"태양이 빛을 내는데 결코 지치지 않고, 흐르는 물줄기도 결코 지치지 않는 것처럼 하나님이 약속을 지키시는 것이 그분의 본성이시다. 그러므로 당신은 곧 그분의 보좌로 가서, '당신이 약속하신 대로 하소서'라고 말씀드려라."

– 찰스 스펄전(Charles Spurgeon)

"In the same way the sun never grows weary of shining, nor a stream of flowing, it is God's nature to keep His promises. Therefore, go immediately to His throne and say, 'Do as You promised.'"

- Charles Spurgeon

9장

피로

피로는 하루가 끝날 때 피로한 것이 아니며 하루를 시작할 때 에너지가 부족한 것도 아니다. 피로는 당신의 영혼이 피로할 때다. 당신이 잠을 잘 수 없는 피로는 당신의 상황이 끝이 없다고 느낄 때, 당신의 균형 감각이 절망으로 오염되어 있을 때다. 피로는 여러 가지 방법으로 당신의 삶에 살며시 기어들어 올 수 있다. 당신은 일상생활의 고되고 단조로운 일, 당신의 모든 책임의 균형을 맞추는 일, 인정이나 보상 없이 하는 선행, 몇 년간 성취되지 않은 잠재력과 꿈, 무리한 약속을 하는 일, 일상의 모습을 유지하려는 노력으로 지칠 수 있다.

매일같이 우리 삶을 괴롭히는 압박과 책임의 무게를 피해 오락, 약물, 술을 이용해 세상이 규정하는 가짜 평안에 안주하기 쉽다. 이런 종류의 순간적으로 한동안 멈추는 일은 우리가 잊으려고 했던 것과 같은 삶으로 돌아와야 한다는 것이다. 당신의 삶에서 피로의 원인이 무엇이든지 답은 똑같다. 예수님이 말씀하셨다. "수고하고 무거운 짐 진 자들아 다 내게로 오라 내가 너희를 쉬게 하리라."

하나님은 우리가 그분 외에 다른 사람이나 어떤 것에 의존 하라는 뜻으로 말씀하신 것이 아니다. 예수님이 영향을 미치 시는 평안은 우리에게도 가능하며, 하나님에 대한 신뢰로 우 리의 영혼이 안정되고 평안한 상태로 살 수 있다.

당신이 이 평안으로 마음이 고요한 상태에서 내면에 쉼이 없다면 당신은 외면이 쉴 수가 없어 몸의 원기를 회복할 수 없 다. 그러므로 그분의 말씀으로 자신을 즐겁게 하고 쉬게 하기 위해서 매일 하나님과 함께 할 시간을 내라. 어떤 약속을 지 키고 어떤 약속을 내려놓아야 하는지 지혜를 찾아라. 마지막 으로 당신의 삶의 모든 무게와 문제를 그분께 맡기고 주 안에 서 안식하라. 이는 그분이 돌보실 것을 알기 때문이다.

삶은 생존을 위한 지루한 투쟁이 될 수 있고, 삶은 끝없는 책임과 기대의 바다에 떠서 간신히 머물러 있을 수 있다. 또 는 당신의 삶은 당신의 친구, 가족 및 당신의 하나님과 함께 떠맡는 영광스러운 모험이 될 수 있다.

Chapter 9

Weariness

Weariness is not being tired at the end of the day, nor a lack of energy when starting the day. Weariness is when you become tired in your soul; the kind of tired you can't sleep off; when your situation feels endless; and your perspective is tainted with hopelessness. Weariness can creep into your life in many different ways. You can become weary from the grind of everyday life, from trying to balance all your responsibilities, from doing the right thing without recognition or reward, from years of unfulfilled potential and dreams, from overcommitting yourself, or from trying to keep up daily appearances.

It's easy to settle for the fake peace the world prescribes, using entertainment, medications, and alcohol to escape the barrage of pressures and responsibilities that assail our lives daily. The problem with this kind of momentary cease fire is we have to come back to the same life we tried to forget. Whatever the cause for the wea- riness in your life, the answer is the same. Jesus said, "come to me all who are weary and I will give you rest."

God never meant for us to be dependent on anyone or anything besides Himself. The same peace that Jesus operated in is available for us, to live in a tranquil state, with our soul secured due to our trust in God. If you are not resting on the inside, with a mind quieted by this peace, then you cannot rest on the outside, finding rejuvena- tion for your body. So carve out time every day to spend with God to enjoy and refresh yourself in His Word. Seek out wisdom for what commit- ments you need to maintain and which ones you need to let go. Finally, rest in the Lord, casting all the weight of your life and its problems on Him, because you know He'll take care of you.

Life can be a dull struggle for survival, barely staying afloat in the sea of endless responsibilities and expectations, or life can be a glorious adventure that you undertake with your friends, family, and your God.

기도

주여! 내가 결코 혼자가 아니고, 당신은 항상 나와 함께 계시고, 내가 지쳤을 때 당신에게 의지할 수 있고 당신이 나를 위해 거기에 계실 것임을 알고 감사하나이다. 새로운 힘과 새로운 목적 의식을 간구하나이다. 당신의 말씀과 평안으로 나를 인도하소서. 당신과 함께 숨을 쉴 수 있는 나의 삶에 공간을 만드소서. 거기서 나는 진정으로 당신의 품에서 쉴 수 있나이다. 내가 겪는 시련 대신에 내가 당신에게 계속 집중하도록 도와주소서. 삶의 힘든 일이 내 에너지를 약화시킬 때 나를 격려하시고 위로하소서. 주여! 감사하나이다. 예수님의 이름으로 기도하옵나이다. 아멘.

Prayer

Lord, thank You that I am never alone, that You are always with me, and that when I'm exhausted I know that I can lean on You and You'll be there for me. I ask for renewed strength and a renewed sense of purpose. Guide me with Your Word and Your peace. Create space in my days where I can catch my breath with You, where I can truly rest in Your arms. Help me keep my focus on You, instead of the trials I go through. Encourage and comfort me, when the grind of life saps my energy. Thank You, Lord. Amen.

성경

"우리가 선을 행하되 낙심하지 말지니 포기하지 아니하면 때가 이르매 거두리라."

– 갈 6:9

"나의 영혼이 잠잠히 하나님만 바람이여 나의 구원이 그에게서 나오는도다."

–시 62:1

"내가 평안히 눕고 자기도 하리니 나를 안전히 살게 하시는 이는 오직 여호와이시니이다."

– 시 4:8

"오직 여호와를 앙망하는 자는 새 힘을 얻으리니 독수리가 날개 치며 올라감 같을 것이요 달음박질하여도 곤비하지 아니하겠고 걸어가도 피곤하지 아니하리로다."

– 사 40:31

Scriptures

"And let us not grow weary while doing good, for in due season we shall reap if we do not lose heart.

— Galatians 6:9 NKJV

"Truly my soul finds rest in God; my salvation comes from him."

— Psalm 62:1 NIV

"In peace I will lie down and sleep, for you alone, O Lord, will keep me safe."

— Psalm 4:8 NLT

"But those who wait for the Lord who expect, look for, and hope in Him shall change and renew their strength and power; they shall lift their wings and mount up close to God as eagles mount up to the sun; they shall run and not be weary, they shall walk and not faint or become tired."

— Isaiah 40:31 AMPC

"피곤한가? 지쳤는가? 종교에 소진되었는가? 내게로 오라. 나와 함께 가자. 그러면 너는 너의 삶을 회복할 것이다. 내가 너에게 진정한 휴식을 취하는 방법을 보여 주겠다. 나와 함께 걷고 나와 함께 일하라. 내가 그것을 어떻게 하는지 지켜보라. 자연스러운 은혜의 리듬을 배우라. 나는 너에게 무겁거나 몸에 맞지 않는 것을 지우지 않을 것이다. 나와 함께 친하게 지내면, 너는 자유롭고 가볍게 사는 법을 배우게 될 것이다."

– 예수(마 11:28-30-메시지 성경)

"Are you tired? Worn out? Burned out on religion? Come to me. Get away with me and you'll recover your life. I'll show you how to take a real rest. Walk with me and work with me-watch how I do it. Learn the unforced rhythms of grace. I won't lay anything heavy or ill-fitting on you. Keep company with me and you'll learn to live freely and lightly."

- Jesus (Matthew 11:28-30 MSG)

"그리스도인의 삶은 항상 최고가 아니다. 나는 깊은 낙심의 순간이 있다. 나는 내 눈에 눈물을 흘리며 하나님께 가서 '오 하나님, 용서해 주소서', 또는 '도와주소서'라고 말해야 한다."

– 빌리 그레이엄(Billy Graham)

마음을 괴롭게 하지 말라

"The Christian life is not a constant high. I have my moments of deep discouragement. I have to go to God in prayer with tears in my eyes, and say, 'O God, forgive me,' or 'Help me.'"

- Billy Graham

10장

낙심

낙심은 우리에게 몰래 다가올 수 있다. 특히 우리가 오랜기간 동안 일부 불리한 상황에 대처해 온 경우. 그것은 실망, 불만, 좌절 이상이다. 그것은 훨씬 더 깊고 훨씬 더 불행하다. 그것은 당신의 기쁨과 평화를 빼앗아 갈 수 있는 부정적인 영적 힘이다. 그것은 당신의 삶을 마비시키고 당신의 관점을 흐리게 할 수 있는 절망감을 일으킬 수 있다.

낙심은 우리의 힘과 자신감을 차츰 소모시키고, 우리의 실패를 상기시키며, 우리의 축복을 잊어버리게 한다. 그것은 우울증과 불안과 같은 많은 삶을 변화시키는 투쟁이 형성되는 관문이다. 그것은 가장 밝은 순간을 어둡게 하는 미묘한 고통이다.

우리 모두는 우리 자체에 우리 자신이 진정으로 의도된 것을 성취할 만큼 충분히 훌륭하거나, 충분히 똑똑하거나, 충분히 재능이 없는 현실에 직면하고 있다. 우리의 운명을 성취하기 위해서는 우리 안에 하나님이 필요하기 때문이다. 문제는 문제는 당신이 가졌거나 하지 않은 일을 통해 당신의 정체성,

당신의 행복, 당신의 힘을 끌어낼 때 당신은 스스로 낙담하고 상처받을 수 있도록 당신 자신을 준비하는 것이다.

하나님은 우리의 행복의 원천이시고, 힘의 원천이시며, 그분은 우리가 다른 사람이나 상황이 아니라 우리의 자부심의 토대가 되는 분이시다. 그러므로 그분의 말씀을 읽고 그분의 약속을 생각하면서 시간을 보내라. 모든 문제 대신 그분과 당신의 삶의 모든 축복에 집중하라. 찬양과 예배와 기도와 그리고 그분의 말씀을 통해서, 하나님이 당신을 사랑하시게 하라. 낙심하는 것은 거짓을 믿는 것이다. 이는 당신이 진정으로 하나님이 당신에게 말씀하시는 말씀을 믿을 때, 당신의 마음은 자신감 있는 기쁨으로 가득 차 있을 것이기 때문이다.

Chapter 10

Discouragement

Discouragement can sneak up on us. Especially if we have been dealing with some adverse circumstances for an extended period of time. It's more than just being disappointed, discontented, or frustrated. It's much deeper, and much more sinister. It is a negative spiritual force that can rob you of your joy and peace. It can produce a sense of hopelessness that can paralyze your life and cloud your perspective.

Discouragement drains us of our strength and confidence, reminds us of our failures, and causes us to forget our blessings. It is the gateway through which many life-altering struggles are formed, like depression and insecurity. It's a subtle pain that darkens the brightest of moments.

We all face the reality that we in and of ourselves are not good enough, smart enough, or talented enough to accomplish what we are truly meant for. That's because we need God in us to achieve our destiny. The problem is when you derive your identity, your happiness, and your strength through what you have or haven't done, you are setting yourself up to be discouraged and hurt.

God is our source of happiness, He is our source of strength, and He is what we base our self-worth on, not other people or circum- stances. So spend time reading His words and thinking on His promises. Focus on Him and all the blessings in your life instead of all the problems. Let God love you - through praise, through worship, through prayer, and through His Word. To be discouraged is to believe a lie, for when you truly believe what God's Word says about you, your heart will be filled with confident joy.

기도

주여! 당신은 격려하시는 하나님이시나이다. 당신의 기쁨은
나의 힘이고 당신의 평안은 나의 길잡이이며 당신의 임재는
나의 보호이나이다. 나의 힘이 쇠약해질지라도 당신의 힘이
나의 느슨함을 회복시키실 것을 아나이다. 내가 아프고 외로
울 때도 당신은 나를 도우실 준비가 되어 있으시다는 것을 아
나이다. 그래서 나는 바로 그것을 구하나이다. 당신이 내게
가까이 계심을 깨닫게 해주시고, 내가 당신의 것이라는 것을
깨닫게 해주시고, 나를 위한 당신의 계획은 어떤 닫힌 문, 가
슴 아픈 상황, 좌절보다도 더 크다는 것을 깨닫게 하소서. 당
신을 격려자로 내 곁에 모시고 당신과 함께라면, 모든 것이
순조롭게 될 것이라는 것을 아나이다. 주여! 감사하나이다.
예수님의 이름으로 기도하옵나이다. 아멘.

Prayer

Lord, You are the God who encourages. Your joy is my strength, Your peace is my guide, and Your presence is my protection. I know that though my strength may fail, Your strength will pick up the slack. I know that even when I feel hurt and alone, You are with me ready to help me. So I ask for that very thing. Remind me You are near to me, remind me I'm Yours, and that Your plans for me are greater than any closed door, any heartbreaking situation, and any setback. With You by my side as my encourager, I know that I will be OK. Thank You, Lord. Amen.

성경

"두려워하지 말라 내가 너와 함께 함이라 놀라지 말라 나는 네 하나님이 됨이라 내가 너를 굳세게 하리라 참으로 너를 도와 주리라 참으로 나의 의로운 오른손으로 너를 붙들리라."

- 사 41:10

"내가 네게 명령한 것이 아니냐 강하고 담대하라 두려워하지 말며 놀라지 말라 네가 어디로 가든지 네 하나님 여호와가 너와 함께 하느니라 하시니라."

- 수 1:9

"그러나 낙심한 자들을 위로하시는 하나님이 디도가 옴으로 우리를 위로하셨으니 그가 온 것뿐 아니요 오직 그가 너희에게서 받은 그 위로로 위로하고 너희의 사모함과 애통함과 나를 위하여 열심 있는 것을 우리에게 보고함으로 나를 더욱 기쁘게 하였느니라."

- 고후 7:6-7

"그러므로 우리가 낙심하지 아니하노니 우리의 겉사람은 낡아지나 우리의 속사람은 날로 새로워지도다."

- 고후 4:16

Scriptures

"Don't be afraid, for I am with you. Don't be discouraged, for I am your God. I will strengthen you and help you. I will hold you up with my victorious right hand."

- Isaiah 41:10 NLT

"This is my command—be strong and cou- rageous! Do not be afraid or discouraged. For the Lord your God is with you wherever you go."

- Joshua 1:9 NLT

"But God, who encourages those who are discouraged, encouraged us by the arrival of Titus."

- 2 Corinthians 7:6 NLT

"Therefore we do not become discouraged (utterly spiritless, exhausted, and wearied out through fear). Though our outer man is pro- gressively decaying and wasting away, yet our inner self is being progressively renewed day after day."

- 2 Corinthians 4:16 AMPC

당신은 위로 올라가는 길을 헤치고 나아가면서
낙담한 적이 있는가?
당신은 당신이 그분의 기대에 어긋나서
그분의 진노를 받을 만하다고 느끼는가?
당신은 당신이 실수해서 최고의 하나님이 가지고 계시는 것을
잃어버린 것을 두려워하는가??

당신은 그분과 함께 다스리기를 원했고,
그분이 가까이 오시는 것을 느꼈고; 당신은 그분의 인정을
간절히 원했고, 심판석에 당신이 나올 때;
당신은 이스라엘이 어떻게 의심했는지 알고,
당신의 마음은 두려움으로 가득 차 있다.

들으라, 그대여, 그리스도께서 당신에게 말씀하시는
위로의 말씀을; 그분이 베푸시는 풍성한 은혜, 푸른 하늘에서
내려오는 은혜; 당신이 그분을 허락한다면, 그분은 당신을
도우실 것이다. 당신을 확실히 도와주실 것이다.

- R.E 네이버 D.D.(R. E. Neighbour, D.D.)

Do you ever get discouraged As you
press your upward path?
Do you feel that you have failed Him,
And have merited His wrath?
Do you fear that you have stumbled,
Lost the very best God hath?

For you wanted to reign with Him,
And you've felt His Coming near;
And you longed for His approval,
When at Judgment you appear;
And you know how Israel doubted,
And your heart is filled with fear.

Listen, thou, for Christ is speaking,
Words of comfort unto you;
Grace abundantly He proffers,
Grace sent down from Heaven's blue;
He will help you, if you'll let Him,
And will surely see you through.

- R. E. Neighbour, D.D.

"당신이 그 길로 갈 계획이 아니라면
절대 뒤돌아보지 말라."

– 헨리 데이비드 소로(Henry David Thoreau)

"Never look back unless you are planning to go that way."-"Never look back unless you are planning to go that way."

- Henry David Thoreau

11장

과거

우리 모두는 줄곧 과거에 자랑스럽지 않은 일을 했거나 하면서 살아왔다. 그것은 이따금 당신의 입에 신맛을 남기며 튀어 오르는 사소하게 괴롭히는 기억이거나 거의 매일 수치로 당신의 삶 속에서 나온 생각들, 곧 세속적이고 이기적인 생각들의 삶을 괴롭히는 잊혀지지 않는 후회일 수도 있다. 이것은 당신이 살아야 하는 방법이 아니며 하나님은 당신이 그러한 무게를 견디도록 의도하지 않으셨다. 기쁜 소식은 더 이상 당신이 그럴 필요가 없다는 것이다. 당신이 저지른 실수나 심지어 당신이 당신에게 저질러왔던 학대와 같은 범죄에 관계없이 당신은 누릴 수 있는 치유와 자유가 있다. 당신은 과거로부터 배울 수는 있지만 거기에 머물지 말라. 당신은 뒤를 바라보면서 앞으로 갈 수는 없다. 당신은 조심하지 않으면 당신은 과거의 실패에 집중하여 오늘의 기쁨과 내일의 승리를 놓칠 수 있다. 후회와 수치심에 대한 당신의 생각을 하나님의 말씀으로 당신의 마음을 새롭게 하는 것으로 대체해야 한다. 과거의 모든 상처와 고통을 기억하는 대신 하나님이 당신을 위해 하신 모든 일을 기억하라. 하나님이 당신을 죄와 수치와 멸망에서 다시 사주셨다는 것을 기억하라. 그분이 당신을 그분의 가족으로 입양하신 것을 기억하라. 그분이 당신을 흠없고 순수하고 거룩하게 만드셨다는 것을 기억하라. 그분은 당신이 저지른 모든 실수를 용서하시고 잊으셨다는 것을 기억하라!

하나님은 당신의 과거에 비추어 당신을 보지 않으시고, 그분의 아들의 희생에 비추어 당신을 보신다! 당신은 의롭고, 당신의 하나님 아버지와 함께 올바르게 서 있다. 그분이 당신을 보실 때 그분은 당신을 그분의 아름다운 피조물, 그분의 가장 친한 친구 그리고 그분의 자녀로 보신다.

당신은 당신의 과거의 고통에서 당신의 마음을 치유하고, 당신에게 새로운 정체성을 부여하고, 당신 안에 새로운 힘을 부여할 하나님의 사랑이 있다. 당신의 현재 상황은 변할 수 있고, 당신이 꿈꾸는 미래는 성취할 수 있다! 당신의 과거를 치유하는 그분의 사랑, 당신의 현재를 강화하는 그분의 힘, 그리고 당신의 미래를 보장하는 그분의 약속의 능력으로, 당신은 위대한 사람으로 규정지어지고 위대하게 될 사람이다.

Chapter 11

the past

We have all lived through things or done things in our past that we are not proud of. It may be a small nagging memory that pops up now and then that leaves a sour taste in your mouth, or it can be a haunting regret that plagues your thought life with shame nearly every day. This is no way to live, and God never intended for you to bear such weight. The good news is, you don't have to any longer. Regardless of the mistakes you've made, or even crimes like abuse that have been committed against you, there is healing and freedom available to you. You can learn from your past, but don't dwell there. You can't go forward looking backward. If you're not careful, you can miss the joy of today and the victories of tomorrow by focus- ing on the failures of the past. You must replace your thoughts of regret and shame by renewing your mind with the Word of God. Instead of remembering all the hurts and pains of the past, remember all the things that God has done for you. Remember that God bought you back from sin, shame, and destruction. Remember that He adopted you into His family. Remember that He made you blameless, pure, and holy. Remember that He has forgiven and forgotten every mistake you've made!

God doesn't see you in the light of your past, He sees you in the light of His Son's sacrifice! You are righteous, in right standing with your Father, God. When He looks at you He sees His beautiful creation, His best friend, His child.

You have the love of God to heal your heart from the pain of your past; to place a new identity upon you and a new power within you. Your present situation is changeable, and the future of your dreams attainable! With His love healing your past, His strength reinforcing your present, and the power of His promises guar- anteeing your future, you are defined by and destined for greatness.

기도

주여! 당신의 용서와 은혜와 자비에 감사드리나이다. 당신은 나의 죄를 용서하셨고 잊어버리셨다고 말씀하셨나이다. 나를 용서하고 나의 과거를 놓아 주도록 도와주소서. 주여! 나의 미래가 너무 중요하다는 것을 알고 있나이다. 당신이 나를 위한 계획과 목적이 있으시다는 것을 알고 있나이다. 나의 경험이 아니라 당신의 말씀에 따라 나의 시각을 다스리도록 당신의 도움을 구하나이다. 나의 경험을 기반으로 하는 것이 아니라 당신의 말씀을 바탕으로 하도록 도와주소서. 나 자신의 이해보다는 당신을 의지하도록 도와주소서. 내 삶을 앞으로 나아가고, 과거를 뒤로하고, 당신이 나를 위해 계획하신 미래를 향해 나아가도록 도와주소서. 예수님의 이름으로 기도하옵나이다. 아멘.

Prayer

Thank You, Lord, for Your forgiveness, for Your grace, and for Your mercy. You said in Your Word that You have forgiven and forgot- ten my sins. Help me to forgive myself and let go of my past. Lord, I know my future is much too important. I know You have a plan and purpose for me. I ask for Your help to govern my perspective according to Your Word and not according to my experiences. Help me to not build upon my experience but build upon Your Word. Help me to lean on You, instead of my own understanding. Help me to move on with my life, to leave the past behind me, and reach toward the future you have planned for me. Amen.

성경

"너희는 이전 일을 기억하지 말며 옛날 일을 생각하지 말라 보라 내가 새 일을 행하리니 이제 나타낼 것이라 너희가 그것을 알지 못하겠느냐 반드시 내가 광야에 길을 사막에 강을 내리니."

— 사 43:18-19

"그런즉 누구든지 그리스도 안에 있으면 새로운 피조물이라 이전 것은 지나갔으니 보라 새 것이 되었도다."

— 고후 5:17

"형제들아 나는 아직 내가 잡은 줄로 여기지 아니하고 오직 한 일 즉 뒤에 있는 것은 잊어버리고 앞에 있는 것을 잡으려고 푯대를 향하여 그리스도 예수 안에서 하나님이 위에서 부르신 부름의 상을 위하여 달려가노라."

—빌 3:13-14

Scriptures

"Forget the former things; do not dwell on the past. See, I am doing a new thing! Now it springs up; do you not perceive it? I am making a way in the wilderness and streams in the wasteland."

- Isaiah 43:18-19 NIV

"Therefore if any man be in Christ, he is a new creature: old things are passed away; behold, all things are become new."

- 2 Corinthians 5:17 KJV

"No, dear brothers and sisters, I have not achieved it, but I focus on this one thing: forgetting the past and looking forward to what lies ahead, I press on to reach the end of the race and receive the heavenly prize for which God, through Christ Jesus, is calling us."

- Philippians 3:13-14 NLT

"새롭게 하라, 풀어주라, 놓아주라. 어제는 지나갔다. 그것을 되찾기 위해 당신이 할 수 있는 일은 아무것도 없다. 당신은 뭔가를 하지 말았어야 했다. 당신은 오직 무언가를 할 수 있을 뿐이다. 자신을 새롭게 하라. 그 집착을 풀어라. 오늘은 새로운 날이다!"

– 스티브 마라볼(Steve Marabol)

"Renew, release, let go. Yesterday's gone. There's nothing you can do to bring it back. You can't should've done something. You can only DO something. Renew yourself. Release that attachment. Today is a new day!"

- Steve Marabol

"선택은 운명의 돌쩌귀다."

– 에드윈 마크햄(Edwin Markham)

"Choices are the hinges of destiny."

- Edwin Markham

12장

그것은 선택이다

당신의 마음을 괴롭게 하지 않는 것은 선택이다. 당신의 모든 염려, 당신의 모든 걱정, 그리고 당신의 모든 두려움을 당신의 하늘의 아버지께 맡기는 선택. 다른 사람들이 도움이 필요할 때 그들을 위해서 도움을 구하는 선택. 어떤 상황에서도 선한 것을 찾는 선택. 이유 없이 웃고 이유 없이 사랑하는 선택. 절망적인 상황에서 소망하는 선택. 위험한 폭풍 속에서 하나님을 믿고 최고의 삶 속에서 그분과 함께 기뻐하려고 하는 선택이 되어야 한다.

당신의 하늘의 아버지께 당신의 삶에 대한 통제권을 넘겨 드리는 선택. 하나님을 들어오게 하셔서 당신을 나가게 하실 수 있도록 하는 선택. 세상의 거짓말보다 네 아버지의 말씀을 믿는 선택. 당신의 실수 대신 당신의 축복을 기억하는 선택. 당신이 한 걸음도 더 나아갈 수 없다고 느낄 때 힘을 얻기 위해 하나님께 의지하는 선택. 하나님에 대한 믿음으로 당신의 능력의 공백을 메우기 위한 선택. 상실로 인해 생긴 틈을 하나님의 사랑으로 채우는 선택. 중독이 아니라 하나님의 임재

안에서 몰두하는 선택. 혼자 걷는 것을 포기하고 아버지의 도우심의 손길을 받아들이는 선택. 악에 맞서 싸우고, 선한 것을 사랑하는 선택.

이 세상의 어느 누구도 당신을 믿지 않을 때 하나님을 믿는 선택, 이는 그분이 당신을 믿으시기 때문이다. 무엇이 선하고 무엇이 타락이 아닌지에 대해 생각하는 선택. 즐거운 태도와 명랑한 마음가짐의 선택.

진리는 하나님이 당신의 아버지시라는 것이고, 그분이 당신에게 주신 가장 큰 선물은 그분을 선택할 수 있는 능력이다. 이는 그것이 이 세상이 엉망이 된 한가운데서 수많은 선택지가 있는 가운데서, 당신이 그분을 선택하고 여전히 당신이 있는 모든 것을 포기하고 그분의 사랑스러운 품에 달려가서 "나는 당신을 선택하나이다."라고 말할 수 있는 것이 당신의 선택이 될 수 있기 때문이다. 그분을 선택하라. 당신의 마음을 괴롭게 하지 않도록 선택하라.

Chapter 12

It's a Choice

Letting your heart not be troubled is a choice. A choice to cast all of your worries, all of your anxiety, and all of your fears onto your Heavenly Father. A choice to seek help for others when they need help. A choice to find good in any situation. A choice to smile without a reason and to love without a cause. A choice to hope in hopeless situations. A choice to trust God in the midst of a treacherous storm, and to rejoice with Him in the midst of the best life has to offer.

A choice to surrender control of your life over to your Heavenly Father. A choice to let God in so He can then get you out. A choice to believe your Father's Word over the world's lies. A choice to remember your blessings instead of your mistakes. A choice to lean on God for strength when you feel you can't take another step. A choice to fill the gaps of your abilities with faith in God's. A choice to fill the hole created by loss with God's love. A choice to be lost in God's presence instead of an addiction. A choice to give up walking alone and accept the helping hand of your Father. A choice to fight against what is evil, and to love what is good.

A choice to believe in God when no one on this earth believes in you, because He believes in you. A choice to think on what is good and not perversion. A choice of a joyful attitude, and a cheerful disposition.

The truth is God is your daddy, and the greatest gift that He has given you is the ability to choose Him. For it can be your choice, in the midst of the mess this world is in, with bil- lions of options for you to choose over Him, to still surrender all that you are, and run into His loving arms and say "I choose you." Choose Him . . . choose to let your heart not be troubled.

기도

주여! 나는 나의 선택이 나의 삶에 영향을 미친다는 것을 이해하나이다. 나는 내가 하는 선택에 대한 지침과 방향을 요청하나이다. 당신의 뜻을 분별하고 당신의 음성을 들을 수 있도록 나를 도와주소서. 나는 나의 모든 일에 지혜를 구하나이다. 나의 감정이나 다른 사람의 의견에 영향을 받지 않도록 도와주소서. 내가 압박감을 느낄 때 긴장을 풀고, 내가 올바른 선택을 할 수 있도록 도와주소서 예수님의 이름으로 기도하옵나이다. 아멘

Prayer

Lord, I understand that my choices have an impact on my life. I ask for guidance and direction for the choices that I make. Help me to discern Your will, and to hear Your voice. I ask for wisdom in all my affairs. Help me not to be influenced in my decision making by my emotions, nor by the opinions of Others. Help me to slow down, and relax when I feel pressured, that I would make the right choice. Amen

성경

"내가 오늘 하늘과 땅을 불러 너희에게 증거를 삼노라 내가 생명과 사망과 복과 저주를 네 앞에 두었은즉 너와 네 자손이 살기 위하여 생명을 택하고 네 하나님 여호와를 사랑하고 그의 말씀을 청종하며 또 그를 의지하라 그는 네 생명이시요 네 장수이시니 여호와께서 네 조상 아브라함과 이삭과 야곱에게 주리라고 맹세하신 땅에 네가 거주하리라."

— 신명기 30:19-20

"내가 이르노니 너희는 성령을 따라 행하라 그리하면 육체의 욕심을 이루지 아니하리라 육체의 소욕은 성령을 거스르고 성령은 육체를 거스르나니 이 둘이 서로 대적함으로 너희가 원하는 것을 하지 못하게 하려 함이니라 너희가 만일 성령의 인도하시는 바가 되면 율법 아래에 있지 아니하리라."

— 갈라디아서 5:16-18

Scriptures

"Today I have given you the choice between life and death, between blessings and curses. Now I call on heaven and earth to witness the choice you make. Oh, that you would choose life, so that you and your descendants might live!"

- Deuteronomy 30:19 NLT

"My counsel is this: Live freely, animated and motivated by God's Spirit. Then you won't feed the compulsions of selfishness. For there is a root of sinful self-interest in us that is at odds with a free spirit, just as the free spirit is incompatible with selfishness. These two ways of life are antithetical, so that you cannot live at times one way and at times another way according to how you feel on any given day. Why don't you choose to be led by the Spirit and so escape the erratic compulsions of a law-dominated existence?"

- Galatians 5:16-18 (MSG)

"사람에게서 모든 것은 빼앗을 수 있지만 한 가지;
인간의 마지막 자유는 주어진 어떤 상황에서든 자신의
태도를 선택하고 자신의 길을 선택하는 것이다"

-빅터 E. 프랭클(Viktor E. Frankl-홀로 코스트 생존자)

"Everything can be taken from a man but one thing: the last of human freedoms-to choose one's attitude in any given set of circumstances, to choose one's own way."

- Viktor E. Frankl(Holocaust survivor)